«Después de leer detenidament
no simplemente buena, sino má
Ávila ha hecho un análisis sabio
les, no solamente en la población
se expone a ellas.

El apóstol Pablo nos dice, en 2 Corintios 3:18, que somos transformados de gloria en gloria *contemplando como en un espejo la gloria del Señor*. Nuestro archienemigo, Satanás, conoce esa verdad y ha sabido inducir a nuestra generación a contemplar el contenido de las redes sociales por tiempo prolongado. De esa forma, ha logrado deformar aún más la imagen de Dios en nosotros de una manera similar: grado a grado, hasta quedar hipnotizados al ver y escuchar contenido fabuloso para la mente caída y, sin darnos cuenta, hasta perecemos en el proceso.

Ciertamente, lo que contemplas te transforma. Si lees el contenido de este libro, serás ilustrado acerca de nuestra realidad actual. Si lo meditas, adquirirás sabiduría que te ayudará a navegar en este mar turbulento del mundo digital. Y si lo enseñas a otros, contribuirás a luchar en contra de las huestes espirituales de maldad en las regiones celestiales».

Dr. Miguel Núñez (MD, Th. M., D.Min.),
pastor titular de la Iglesia Bautista Internacional
(IBI) en Santo Domingo, República Dominicana,
presidente y fundador del Ministerio
Integridad y Sabiduría

«Este libro está lleno de sabiduría radical, y aporta una visión clara de cómo nuestras aplicaciones nos están engañando y llevándonos a conformarnos con mucho menos de lo que realmente es la vida. Es una lectura llena de convicción e incluso incómoda, fundamentada en abundante evidencia y experiencia. Pero Ana Ávila también ofrece una esperanza bien fundamentada de que nosotros, junto con nuestras familias, amigos e iglesias, podemos encontrar un camino mucho mejor».

–Andy Crouch, autor de The Tech-Wise Family
[Familias tecnológicamente sabias]

«Ana Ávila tiene la excepcional habilidad de combinar una sabiduría teológica profunda con una sofisticada comprensión de la naturaleza humana, para luego comunicar el resultado de forma práctica y convincente. En este libro, ella nos ayuda de manera decisiva a ver cómo es que podemos disponernos para ser transformados por la renovación de nuestras mentes».

—Justin L. Barrett, PhD, presidente de Blueprint 1543

En *Lo que contemplas te transforma*, Ana Avila toma las ideas de C.S. Lewis sobre la tentación del Diablo y las aplica brillantemente a la era de los teléfonos inteligentes. Satanás no quiere que leas este libro. Preferiría que siguieras desplazándote, haciendo clic y deslizándote por la vida, lo más irreflexivamente posible. Y es precisamente por eso que este es un libro importante. Léelo, presta atención y resiste las muchas distracciones y tentaciones del mundo digital.

—Brett McCracken,
autor de *The Wisdom Pyramid:
Feeding Your Soul in a Post-Truth World*

LO QUE
CONTEMPLAS
TE TRANSFORMA

Encontrando libertad en un mundo de tiranía digital

Ana Ávila

B&H
PUBLISHING
BRENTWOOD, TENNESSEE

Lo que contemplas te transforma: Encontrando libertad en un mundo
de tirania digital

Copyright © 2024 por Ana Ávila

Todos los derechos reservados.
Derechos internacionales registrados.

B&H Publishing Group
Brentwood TN, 37027

Diseño de portada: Good Illustration
Ilustrador: Adam Quest

Clasificación Decimal Dewey: 211.6
Clasifíquese: VIDA CRISTIANA \ SECULARISMO \ CULTURA

A menos que se indique de otra manera, las citas bíblicas marcadas NBLA
se tomaron de la Nueva Biblia de las Américas (NBLA), Copyright © 2005 por
The Lockman Foundation. Usadas con permiso.

ISBN: 978-1-0877-7596-8

Impreso en EE. UU.

1 2 3 4 5 * 27 26 25 24

Para Zachi

Índice

Nota de la autora 9

Palabras iniciales 11

I. La encrucijada 15

II. La trampa 29

III. La culpa 45

IV. La libertad 61

V. La Biblia 77

VI. La oración 93

VII. La comunidad 107

VIII. La alerta 125

IX. La decisión 139

Palabras finales 155

Gracias 159

Nota de la autora

Cartas del diablo a su sobrino es una obra satírica escrita por C. S. Lewis, autor también de Las crónicas de Narnia. En Cartas, Lewis imagina a un demonio experto instruyendo a su aprendiz sobre cómo lograr que un cristiano desvíe la mirada del Señor hacia cualquier otra cosa. Las cartas de Escrutopo a Orugario son un análisis exquisito del corazón humano, y sus reflexiones nos acompañarán a lo largo de las páginas de este libro.[1]

Jack, gracias por escribirlas.

---

1. Todas las citas de Cartas provienen de la traducción de Miguel Marías, publicada en Kindle en 2015 por Ediciones Rialp.

Palabras iniciales

Mientras estén pendientes del Enemigo, estamos vencidos, pero hay formas de evitar que se ocupen de Él. La más sencilla consiste en desviar su mirada de Él hacia ellos mismos.

(Carta IV)

Hay verdades muy sencillas que golpean el corazón en el momento indicado y cambian tu vida para siempre. Era una tarde como cualquier otra. Yo tenía dieciséis años y estaba con unos amigos de mi iglesia. No sé cuál era exactamente el tema de nuestra conversación, pero lo que dijo mi amiga Vency, con sus brillantes ojos azules llenos de pasión, quedó grabado en mi memoria hasta hoy: «Sé que todo el mundo piensa que los jóvenes y adolescentes tienen que ser rebeldes y cometer muchos errores, pero no es cierto. Si amamos a Dios, podemos vivir de forma diferente». Ella no lo supo hasta mucho tiempo después, pero sus palabras depositaron una verdad poderosa en lo profundo de mi corazón: las cosas no tienen que ser como el mundo entero dice que son. Jesús lo hace todo diferente.

Este libro es uno de los frutos de esa semilla.

Todo el mundo piensa que lo de hoy es estar conectado permanentemente al mundo digital. Nosotros podemos vivir de forma diferente. Todo el mundo piensa que para trabajar o servir de manera eficaz debemos alcanzar a miles a través del móvil. Nosotros podemos vivir de forma diferente.

Todo el mundo piensa que para ser un ciudadano informado debemos estar atentos a las noticias del momento. Nosotros podemos vivir de forma diferente.

Podemos ser libres de la tiranía digital. Si es que lo deseamos.

Pero la verdad es que no sabemos si lo deseamos. Estamos, al mismo tiempo, fascinados y cansados del brillo de nuestros dispositivos. Confundidos. Por un lado, estamos maravillados por todo lo que podemos lograr a través de una maquinita que nos cabe en el bolsillo. No queremos dejar ir toda esa información, entretenimiento y conexión. Por otro lado, sentimos que demasiadas veces ese aparato nos usa a nosotros en lugar de nosotros a él. Que nos mueve a su antojo en lugar de servirnos. Nos incomoda, pero esa es la vida en el siglo XXI, ¿no?

No. Descubramos por qué.

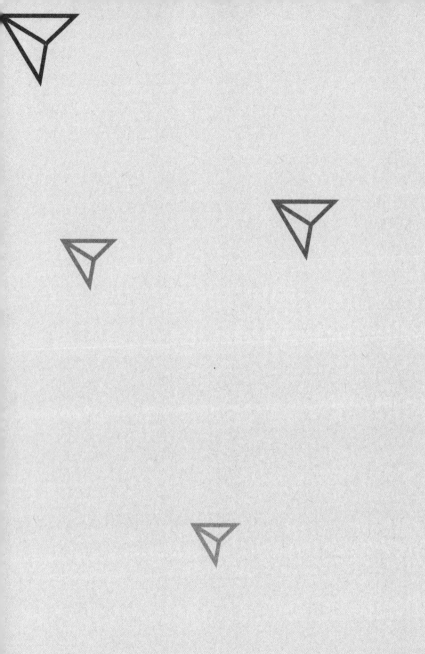

I
La encrucijada

El camino más seguro hacia el infierno es el gradual: la suave ladera, blanda bajo el pie, sin giros bruscos, sin mojones, sin señalizaciones.

(Carta XII)

El reloj marcaba la una de la mañana. Me había sentado frente a la pantalla a las siete de la noche, atormentada por la angustia, intentando huir de lo que parecía una avalancha de proyectos que amenazaba con sepultarme. Pero a esa hora, no escapé trabajando duro o pidiendo ayuda. Tecleé: «youtube.com» para distraerme un poco. Para ser sincera, solo escribí «y»... mi computadora supo cómo hacer el resto. Aunque sospechaba que no era la mejor forma de iniciar mi tiempo de descanso, me persuadí de que no pasaba nada. Después de todo, a esas horas mi cerebro ya no funciona bien; por más que me esforzara, no sería capaz de escribir algo que valiera la pena leer. Necesitaba despejarme un poco después de un día lleno de quehaceres. Solo vería unos cuantos videos para relajarme y luego me iría a la cama a dormir. Al día siguiente, estaría fresca y lista para atacar de frente todos mis pendientes.

No necesito decirte cómo terminó la historia. Ya has estado ahí. Justo después de cerrar finalmente el navegador (luego de unos quince «solo un video más»), traté de justificar cómo había pasado las seis horas anteriores. *No han sido un completo desperdicio. La información de los videos podría ser útil para mis proyectos...* Incluso se me ocurrieron algunas ideas para escribir en el futuro. Pero mis patéticas excusas no lograron convencerme. Nada de eso era cierto. Lo que sucedió fue muy sencillo: mi atención errante fue capturada por un río de trivialidad digital y yo estuve feliz de dejarme arrastrar. Pasé las últimas horas evadiendo la realidad; ahora era tiempo de enfrentarme a las consecuencias.

Mi mente nublada por el desvelo recordó las palabras de *Cartas del diablo a su sobrino*, un libro satírico escrito por C. S. Lewis. Escrutopo le escribe a Orugario, un «demonio en entrenamiento», acerca de cómo tentar al humano al que está tratando de desviar en su caminar espiritual, y le dice: «Descubrirás que cualquier cosa, o incluso ninguna, es suficiente para atraer su atención errante. Ya no necesitas un buen libro, que le guste de verdad, para mantenerle alejado de sus oraciones, de su trabajo o de su reposo; te bastará con una columna de anuncios por palabras en el periódico de ayer. Le puedes hacer perder el tiempo no ya en una conversación amena, con gente de su agrado, sino incluso hablando con personas que no le interesan lo más mínimo de cuestiones que le aburren».[1]

Me llenó de rabia comprobar que Escrutopo tenía razón. No se necesita nada extraordinario para atrapar mi mente. Mi atención errante fue capturada por un video del que ya no tengo ningún recuerdo, para luego pasar a otro y a otro más. Lo detesto. ¿Y cómo no he de hacerlo? El precio de estar embobada frente a un dispositivo es mucho más alto que una noche de poco sueño. Los momentos de distracción y vanidad se acumulan para formar una vida de distracción y vanidad, una vida sutilmente descarriada, que avanza lentamente pero sin descanso —y sin aviso— en una dirección que puede ser fatal.

***

---

1. C. S. Lewis, *Cartas del diablo a su sobrino* (Madrid, España: Ediciones Rialp, 2015), p. 51.

Estos minutos no volverán. Quizás el sonido de esas palabras debería reemplazar el clásico tic-tac de los relojes. Pero ya nadie quiere que hagan ruido. En nuestras computadoras, teléfonos y relojes digitales los segundos pasan incesante y silenciosamente. No nos advierten que estamos dejando ir la vida entera por el drenaje.

Cuando logramos salir del hechizo de la pantalla unos segundos, nos asombra el tiempo que hemos estado (¿voluntariamente?) atrapados bajo su luminosidad. Pasamos horas moviendo solo el pulgar, riendo de vez en cuando, olvidándonos de todo y enfocándonos en nada. *¿Pasaron noventa minutos? ¡No puede ser!* Soltamos el aparato un rato para intentar hacer lo que debimos haber hecho, podemos hacer y (en teoría) disfrutamos hacer. Pero al poco tiempo, se nos olvida ese hastío que sentimos al ver el reloj después de casi dos horas de nada y volvemos a pasar otro buen rato navegando por la vanidad.

Así pasan los días: envueltos en medio de un remolino de pixeles que por un instante parece lo más relevante del mundo y, al siguiente, se evapora para dar lugar a una configuración ligeramente nueva de ese mundo digital que pretendemos habitar. Entre deslizar aquí y presionar allá, nos preguntamos por qué la vida real es tan gris. ¿Por qué no crezco en el trabajo? ¿Por qué no logro aprender ese segundo idioma o terminar la tesis? ¿Por qué me cuesta tanto trabajo compartir el evangelio? ¿Por qué me atrasé otra vez con el plan de lectura bíblica? ¿Por qué es tan fría mi relación con mi cónyuge? ¿Por qué mis hijos se la pasan en la tableta y no hablan conmigo? ¿Por qué no siento a Dios cerca? ¡¿Dónde está la vida abundante que Jesús prometió?!

Quizás la tenemos delante, pero nuestros ojos están tan encandilados por la luz de la pantalla que no podemos mirar.

La vida en el mundo digital es fascinante. A nadie le debería sorprender que nos atraiga con tanta fuerza. En la pantalla, puedo simplemente mirar; en la vida real, tengo que aprender a actuar. En la pantalla, las personas me animan y me entretienen; en la vida real, las personas me lastiman y me ofenden. En la pantalla, puedo saturar mis sentidos; en la vida real, debo enfrentarme al silencio. En la pantalla, siempre hay algo más que conocer; en la vida real, tengo que reconocer que muchas veces la respuesta es: «no sé». En la pantalla, me llegan decenas de «feliz cumpleaños»; en la vida real, podría ser que nadie venga a mi casa para comer pastel. En la pantalla, me entero de lo que está sucediendo ahora mismo en Turquía; en la vida real, no puedo sostener cinco minutos de conversación sobre la economía de mi país. En la pantalla, puedo compartir el ángulo perfecto del pan del desayuno; en la vida real, tengo que aguantar comerme el lado que salió quemado. En la pantalla, los colores y los sonidos de las caricaturas embelesan incluso al niño más inquieto; en la vida real, mi hijo interrumpe siete veces la lectura del cuento antes de ir a dormir.

Por supuesto, la vida en la pantalla no es siempre color de rosa. Nos encontramos con videos, imágenes o mensajes desagradables, pero lo único que tenemos que hacer para escapar de ellos es deslizar hacia arriba y pasar a lo siguiente. Los algoritmos que controlan el contenido que aparece frente a nosotros son cada vez más poderosos para darnos justo lo que más deseamos, incluso si no estamos orgullosos o siquiera conscientes de qué es lo que más deseamos. La vida en la pantalla es una vida diseñada para mí, sin importar la clase de mí que yo sea.

Por otro lado, la vida real duele. En ella hay confusión e incomodidad, cansancio y sufrimiento. En un mundo quebrantado y lleno de pecadores, esto es simplemente inevitable. Con todo, nos aferramos al delirio de que podemos escapar. Las pantallas nos ayudan a sostener la ilusión. Las pantallas enmascaran el dolor. A veces, esto es apropiado; por ejemplo, cuando un cirujano utiliza anestesia para intervenir de manera literalmente desgarradora y salvar la vida de su paciente. Pero si jamás pudiéramos sentir dolor, no podríamos identificar cuando nuestro cuerpo está herido y necesita restauración. Las pantallas nos acostumbran a adormecer el dolor de nuestras mentes de forma constante. Es nuestra primera reacción ante cualquier adversidad.

Lo veo en lo pequeño. Escribo estas palabras y, en ocasiones, me siento perdida. No sé cómo continuar. Mi impulso es huir hacia alguna aplicación que me distraiga de esta dolorosa dificultad y traiga un poco de alivio a mi mente. Postergo lo que sé que debo hacer, una y otra vez. Lo que disfruto hacer. Lo que Dios me ha llamado a hacer para Su gloria y el bien de mi prójimo.

También lo veo en lo más grande. Ofendo a mi esposo y él se aleja, herido. Sé que debo ir y arrepentirme del pecado que cometí contra él. Sé que necesito enfrentar su dolor y el mío para poder restaurar nuestra relación. Pero eso es incómodo y amenaza mi orgullo. Es mejor tomar el teléfono y ver algo gracioso en Internet. Es posible que se le pase la molestia mientras me distraigo. Dentro de unos días, me preguntaré por qué nuestro matrimonio es tan frío; pero por ahora, esconderé otra vez nuestros problemas debajo de la alfombra del universo virtual.

Así pasan nuestros días. Nos entumimos con brillo azulado para no sentir el dolor, el enojo y la tristeza. Sustituimos esa incomodidad por alegrías digitales superficiales, como si cubriéramos hierro oxidado con capas de pintura barata. Se nos escapa que el mundo real, por duro que sea antes de su restauración en el día final, es el mundo para el que fuimos hechos. Se nos escapa que Dios quiere hablarnos a través de nuestro dolor. En otro de sus libros, Lewis escribió que el dolor «reclama insistentemente nuestra atención. Dios susurra y habla a la conciencia a través del placer, pero le grita mediante el dolor: es su megáfono para despertar a un mundo sordo».[2] Se nos olvida también que Dios utiliza las dificultades y los dolores de esta vida para llevarnos a crecer más y más. Suponemos que la piedad es algo que simplemente sucederá en algún momento, en lugar de reconocer que la virtud se desarrolla conforme se practica, con frecuencia en las situaciones más dolorosas.

Ciertamente, la vida real es más difícil que la vida en la pantalla. Así que no sorprende que pasemos los días sumergidos en el remolino complaciente del mundo digital. Lo raro es que queramos salir. Pero queremos salir. ¿Por qué? Perdernos entre pixeles nos deja profundamente insatisfechos, porque fuimos creados para algo mucho más glorioso que pasar la vida delante de un rectángulo brillante. La Biblia nos muestra cuál es esa gloria en la que estamos hambrientos por vivir: la comunión con Dios que resulta en vidas transformadas, que transforman todo a su alrededor.

＊

Dios habló y el universo llegó a existir. En el primer capítulo de la Escritura nos encontramos con Aquel que estaba antes (si es que se puede usar la palabra «antes») del principio. Él no solo creó un mundo lleno de belleza y potencial que expresara sin palabras las glorias de Su carácter, sino que también creó un par de criaturas diseñadas para mostrar lo que Dios es como ninguna otra cosa en el universo. Los seres humanos, hombres y mujeres, fueron

---

2. C. S. Lewis, *El problema del dolor*, (Madrid, España: Ediciones Rialp, 2017), edición para Kindle, p. 57.

formados para representar la verdad, bondad y belleza de Dios en medio del mundo que Él creó. Aún más, los seres humanos fueron creados para disfrutar de una comunión perfecta con el Hacedor de todas las cosas: para amarlo y ser amados por Él. ¡Fuimos hechos para encontrar nuestra satisfacción al disfrutar del Ser más maravilloso que existe!

Como probablemente sabes, las cosas no parecieron salir de acuerdo al plan. Solo tenemos que mirar alrededor para comprobarlo. Los seres humanos fallamos en representar a Dios en Su mundo. Y seguimos fallando. Lejos de ser faros de verdad, bondad y belleza, los seres humanos mentimos, lastimamos y destruimos, una y otra vez, en lo grande y en lo pequeño. Quizás pedimos prestado dinero que jamás tuvimos la intención de devolver o «decoramos» nuestro currículum para parecer mejores candidatos a la hora de ser contratados. Tal vez nos burlamos de una amiga a sus espaldas o traicionamos su confianza contando a otros los problemas en su matrimonio que ella nos compartió en confidencia. Podría ser que arrojemos basura por el camino o que despreciemos a todo un grupo de personas por su lugar de origen o color de piel. Si somos sinceros, todos somos culpables de ir en contra de la verdad, la bondad y la belleza. Todos somos culpables de pecado.

Con todo, nos gusta pensar que todo estará bien al final. Dios sabe que no somos «tan malos», ¿no? Esa manera de pensar revela la visión pequeña y torcida que tenemos de nuestro Creador. Si Él es el estándar de verdad, bondad y belleza, ¿cómo podríamos pedirle que simplemente barra nuestros pecados debajo de la alfombra? Si lo hace con nosotros, ciertamente tendría que hacerlo con todos los demás... ¿y quién determina hasta dónde es correcto ignorar las faltas de las personas? No, un juez justo no puede hacer oídos sordos a la maldad. El pecado, grande y pequeño, debe tener consecuencias y ser eliminado. Estamos en problemas.

La buena noticia es que Dios es Dios. Nada se escapa de Sus manos, y está decidido a amarnos porque Él es amor: «Porque de tal manera amó Dios al mundo, que dio a Su Hijo unigénito, para que todo aquel que cree en Él, no se pierda, sino que tenga vida eterna».[3] El plan que en el principio de la historia humana parecía arruinado en realidad apenas estaba comenzando y encontró su culminación en Jesucristo. Dios nos ofrece salvación a través del sacrificio de Su Hijo. En la cruz, Jesús cargó con el castigo que nos correspondía por nuestras faltas. La paga del pecado es muerte, pero Dios nos ha regalado vida eterna en Cristo.[4] Ese maravilloso regalo de vida eterna está disponible para todas las personas que se arrepientan de su maldad y sigan a Jesús como Señor, sin importar quiénes son ni de dónde vengan, sin importar lo oscuro que sea su pasado pecaminoso.

Cuando hablamos de «vida eterna», lo que suele venir a nuestra mente es la idea de ir al cielo después de morir. Pero la vida eterna que se nos ofrece en Jesús es mucho más que escapar del castigo del infierno y pasar la eternidad en el paraíso. Eso es maravilloso, sin duda alguna, ¡pero hay más! Jesús describió la vida eterna que ganó para nosotros de una manera especial: «Y esta es la vida eterna: que te conozcan a Ti, el único Dios verdadero, y a Jesucristo, a quien has enviado».[5] La vida eterna es tener una relación cercana con Dios a través de Cristo. No lo leas demasiado de prisa: el Señor del universo, que no necesita de nada ni de nadie, nos invita a conocerlo y nos llama hijos. ¡¿Qué clase de Dios es este?!

Entender esto nos ayuda a ver por qué nuestro corazón se encuentra tan insatisfecho incluso cuando parece que no tenemos mucho de qué quejarnos. Tampoco es de

---

3. Juan 3:16.
4. Rom. 6:23.
5. Juan 17:3.

extrañar que adormecer esta insatisfacción con una pantalla solo empeore las cosas, distrayéndonos del verdadero lugar donde podremos encontrar plenitud. No es en vano que Agustín de Hipona, uno de los teólogos más influyentes de la historia de la Iglesia, escribiera: «Nos has hecho para ti y nuestro corazón está inquieto hasta que repose en ti».[6] El apóstol Pablo, en medio de sus prisiones por compartir la buena noticia de Jesús, escribió que tenía «el deseo de partir [de esta vida terrenal] y estar con Cristo, pues eso es mucho mejor».[7] Cuando lo veamos cara a cara, nuestros corazones rebosarán de gozo porque experimentaremos vida plena para siempre.

Con todo, la vida eterna no es algo que meramente experimentaremos una vez que muramos y vayamos a la presencia de Dios al cielo. Anhelamos el día en que seremos libres de nuestros cuerpos quebrantados en un mundo quebrantado y estaremos cara a cara en la presencia de nuestro Señor, pero no necesitamos esperar a ese día para empezar a experimentar la vida abundante que Dios prometió. Podemos ver destellos de esa maravillosa vida eterna hoy. A través de medios de gracia como la Biblia, la oración y la comunión con la iglesia, Dios se da a conocer a nosotros cada día. *Al contemplarlo, somos transformados*: «Pero todos nosotros, con el rostro descubierto, contemplando como en un espejo la gloria del Señor, estamos siendo transformados en la misma imagen de gloria en gloria, como por el Señor, el Espíritu».[8] Los cristianos vemos imperfectamente, pero podemos ver. Al mirar a Dios, todo en nosotros cambia.

***

6. San Agustín, *Confesiones*, (Perth, Australia: Bauer Books, 2017), edición para Kindle, ubic. 1.
7. Fil. 1:23.
8. 2 Cor. 3:18.

Si lo anterior es cierto, *¿por qué hay tantos creyentes que nos sentimos atascados en nuestro caminar espiritual?* Dos razones saltan a la vista:

Para empezar, hay muchos que piensan que son cristianos cuando no lo son. Han ido muchos años a una iglesia y sirven en algún ministerio, escuchan alabanzas, siguen a *influencers* cristianos y comparten sermones o versículos en Internet, y piensan que por eso son cristianos. A pesar de todas sus palabras y sus buenas obras, en realidad no han reconocido la profundidad de su pecado y su necesidad de un Salvador (mira Mateo 7:21-23). No se han arrepentido de su bajeza ni reconocido la gloria de Dios en Jesucristo. A pesar de todas las apariencias externas, no se han negado a sí mismos, tomado su cruz y seguido a Jesús. ¿Cómo esperaremos crecimiento de aquellos que siguen muertos? Como escribe Donald Whitney: «La razón por la que algunos se sienten frustrados acerca de su espiritualidad es que presumen de vida y salud cuando, en realidad, son cadáveres espirituales».[9]

La segunda razón podría ser que somos cristianos que hemos caído en alguna de las trampas de Escrutopo. Hemos desviado la mirada de Jesús y detenido la marcha. Se nos olvidó que la carrera de la fe es una carrera, no una excursión turística. Pareciera que estamos sentados en una banca de autobús esperando que un guía llegue a recogernos y nos lleve tranquilamente hasta la meta, tomando muchas fotografías por el camino. Se nos olvida que, si bien es Dios quien empezó la obra en nosotros y la terminará,[10] Él nos llama a esforzarnos y a caminar por fe aunque duela, moldeando nuestro carácter a cada paso.[11]

---

9. Donald Whitney, *Simplify Your Spiritual Life: Spiritual Disciplines for the Overwhelmed*, (Colorado Springs, CO: NavPress, 2014), edición para Kindle, ubic. 459, traducción de la autora.
10. Fil. 1:6.
11. 1 Tim. 4:7; Fil. 2:12-13.

La vida en la pantalla solo empeora la situación de aquellos que están tanto en la muerte como en el letargo espiritual. El brillo nos impide ver que estamos perdidos o atascados. En medio de un torbellino digital que incluye versículos bíblicos, sermones, noticias de celebridades cristianas y comentarios con peticiones de oración, Escrutopo nos hace creer que estamos participando de la obra que el Señor hace en el mundo y en nuestros corazones; nos hace creer que estamos siendo transformados para gloria de Dios, cuando en realidad estamos hipnotizados en el mismo lugar, sin avanzar a la ciudad celestial.

✳✳✳

Marco quiere leer la Biblia pero no sabe por dónde empezar. Buscó algunos tutoriales en YouTube para aprender cómo estudiar la Escritura y ser más constante en sus tiempos devocionales. Después de un rato, los videos acaban diciendo las mismas cosas, pero quiere estar seguro de que no se le escapa ningún dato importante, así que sigue mirando. Sin saber bien cómo, termina en el canal de YouTube de un predicador que está en contra de utilizar guitarras y baterías en la adoración congregacional. Marco es músico en su iglesia y no sabe qué pensar. Los comentarios en el video lo irritan y se dedica a responder unos cuantos. Mientras tanto, su Biblia continúa empolvada en un rincón de su habitación.

Mirna no tiene idea de qué debería estar haciendo con su vida. Dejó un trabajo frustrante con la esperanza de tener más tiempo para hacer todas esas cosas que realmente desea hacer: tomar clases de arte para reforzar lo que aprendió en la universidad, ayudar a su mamá en medio de su enfermedad, discipular a unas chicas de su congregación y crear una colección de pinturas basadas en el Evangelio de Juan. Pero los días fueron pasando y no ha avanzado en ninguno de sus proyectos. Tiene muchas ideas, pero no está segura de cuál es la dirección de Dios para su vida. Eso la paraliza. Mientras espera estar segura de qué debería estar haciendo en esta temporada, pasa las horas viendo arte en Internet. Es inspirador, al menos por un instante. Delante de la pantalla, se olvida de su tristeza y confusión. Delante de la pantalla, no siente nada.

Lucas está pasando por un momento particularmente difícil en su matrimonio. En el último año parece que su esposa y él han sido más compañeros de habitación que compañeros de vida. Las cosas «funcionan» en casa (se pagan las cuentas, se hacen los quehaceres), pero no parecen funcionar en su relación. No tiene mucho en común con su esposa y se la pasan discutiendo. Como no quiere pelear más, después del trabajo y ordenar un poco, pasa las tardes en el sillón de la sala delante de su videojuego favorito. Le emociona subir de nivel y escuchar cómo los otros jugadores lo animan en cada reto a vencer. Cuando apaga la consola, vuelve a sentirse completamente solo. No ve la hora de que sea momento de encenderla otra vez.

Laura sabe que debe orar sin cesar y desea hacerlo. El problema es que las palabras se le acaban. No es que no ame a Dios... simplemente, siente que no tiene nada que decirle. Le han dicho que caminar mientras ora puede funcionar para mantener su mente despierta y enfocada, así que hoy salió a un parque justo después del amanecer. Empezó a orar pero, treinta segundos después, se quedó sin palabras. Se le olvidó qué había dicho ya y qué tenía la intención de decir. Unos pasos después, la incomodidad fue demasiada. Se puso sus audífonos. Alivio.

La carrera de la fe no es fácil. Es retadora. Es incompatible con una vida hipnotizada con la pantalla, que nos promete librarnos de cualquier incomodidad ofreciéndonos entretenimiento al instante. Esta vida nos seduce ofreciéndonos cosas que parecen muy buenas y al mismo tiempo nos arranca de las manos las cosas mejores.

Leer la Biblia es mejor que ver videos acerca de cómo leer la Biblia. Obedecer en fe es mejor que pasar la tarde navegando entre cientos de imágenes que inspiran nuestra fe. Sentarse a tener una conversación incómoda con alguien que amas es mejor que «dejarlo por la paz», fingiendo que estás tan lleno de vigor como tu avatar en la pantalla. Orar con torpeza es mejor que saturar nuestros sentidos para ignorar la tormenta que hay en nuestro interior.

Las cosas mejores son aquellas que nos llevan a poner la mirada en Cristo Jesús, para ser transformados a Su imagen en la clase de personas que fuimos diseñados para ser. Para disfrutar de esa comunión con Dios para la que fuimos creados. No tenemos por qué conformarnos con menos. Pero eso es justamente lo que Escrutopo desea que hagamos.

II

La trampa

No importa lo leves que puedan ser sus faltas,
con tal de que su efecto acumulativo sea empujar al
hombre lejos de la Luz y hacia el interior de la Nada.

(Carta XII)

La escena se encuentra sellada en mi mente. Estábamos en la oficina de la iglesia, preparando los CDs de la predicación de ese domingo para que los miembros de la congregación pudieran adquirirlos al final del servicio. Entró alguien. No sé quién era, pero recuerdo lo que llevaba en sus brazos: una computadora portátil como ninguna que hubiera visto antes. La pantalla podía girarse y doblarse como un cuaderno. Tenía una especie de pluma electrónica con la que se podía dibujar sobre el cristal. Los trazos estaban lejísimos de aquellas marcas suaves de las pantallas táctiles de hoy, pero no me importó. Estaba completamente fascinada. Deseaba algo como eso. ¿Para qué? Ni idea. Pero debía tenerlo. En mi mente, ni en un millón de años podría conseguirlo.

Pero aquí estoy, tecleando estas palabras en un computador quién sabe cuántas veces más eficiente que el que me deslumbró por allá en 2008. Tengo una tableta con un «lápiz» que me permite marcar documentos y tomar notas a mano, con una fluidez tal que casi (¡dije casi!) parece que estuviera escribiendo sobre papel. No soy una ludita. No sueño con volver al siglo XIX, donde todo era «mucho más sencillo» antes de que Ray Tomlinson y Steve Jobs complicaran tanto las cosas. No, gracias. Disfruto de los muchos beneficios que traen las nuevas tecnologías. Sin embargo, en los últimos años, las palabras del matemático Ian Malcolm (sí, el de *Parque jurásico*) no han parado de dar vueltas en mi cabeza: «En realidad, lo que preocupa a los científicos son los logros. Y están concentrados en si pueden descubrir algo. Nunca se detienen a preguntarse si "deben" descubrirlo».[1]

Las posibilidades que ofrecen las nuevas tecnologías nos ciegan a los peligros que las mismas representan. Cuando nos damos cuenta, somos prisioneros de lo que hemos creado. Aunque no es probable que un velociraptor nos persiga en el futuro cercano, pocos negarán que se han sentido acorralados por ese rectángulo brillante que llevamos en el bolsillo. Queremos vivir de cierta manera, conociendo más a Dios, sirviendo mejor al prójimo, disfrutando de las bondades que nos rodean; pero de alguna forma terminamos cada día atrapados por el teléfono. La revolución de Internet y, posteriormente, de los teléfonos inteligentes, empezó con mucho optimismo, pero ahora la mayoría de nosotros podemos reconocer que algo no anda bien. Quizás las maravillosas promesas de un mundo conectado y con acceso a toda clase de información no eran tan maravillosas después de todo. Hemos permitido que las herramientas digitales invadan cada aspecto de nuestras vidas, sin detenernos a pensar si deberíamos hacerlo. La ironía es que las mismas herramientas sobre las que debemos reflexionar son las que no nos permiten detenernos a hacerlo. Así que simplemente nos quedamos con una incomodidad en nuestro interior, con la profunda sensación de que las cosas deberían ser diferentes; mientras nos dejamos arrastrar por las corrientes de la tecnología sin tener idea de adónde nos llevan.

---

1. Michael Crichton, *Parque jurásico* (Barcelona, España: DeBolsillo, 2015), edición para Kindle, p. 410.

No tiene por qué ser así. Cuando la corriente de un río se encuentra con un obstáculo, como una gran roca en medio del caudal, se forma un espacio que se conoce como un *eddy*. Ahí, las aguas son más tranquilas y los kayakistas pueden detenerse a descansar o reconsiderar su estrategia de navegación. Este libro es un *eddy*. Es una oportunidad para detenernos y considerar si deberíamos estar haciendo lo que estamos haciendo. Puedo tener acceso a toda la información de la historia en unos cuantos segundos, pero ¿debería? Es fascinante estar al tanto, en tiempo real, de los acontecimientos alrededor del mundo, pero ¿debería? Me divierte compartir cada idea que surge en mi cabeza, pero ¿debería? Es lindo compartir imágenes de mis hijos desde pocas horas después de que nacen, pero ¿debería? Es un alivio saber que puedo estar en contacto directo con cualquier persona en cualquier momento que la necesite, pero ¿debería?

*** * ***

La tecnología no es el enemigo, pero no siempre es inocua. Debemos tener esto claro. La tecnología es una expresión de la creatividad y la inteligencia humanas, un regalo de gracia que nos ha permitido combatir la enfermedad y el dolor de este mundo quebrantado por el pecado. La exploración de la creación nos ha permitido recolectar una gran cantidad de información sobre cómo funciona el universo. Esa información (la teoría científica) nos permite desarrollar incontables aplicaciones prácticas (tecnologías), desde aquellas que son excelentes, pasando por las absurdas, hasta aquellas que son terriblemente destructivas. La física teórica, por ejemplo, nos permitió desarrollar tanto bombas como reactores nucleares. De manera similar, las ciencias de la información nos han permitido desarrollar tecnologías fantásticas que realmente educan y conectan a los seres humanos. Sin embargo, estas ciencias también han sido aplicadas a desarrollar tecnologías cuyo propósito principal es atraer y manipular a sus usuarios. Nos guste o no, esta es la realidad: existen numerosas plataformas digitales diseñadas para cautivarte una y otra vez, haciéndote sentir que las necesitas y que no estás perdiendo nada —sino más bien ganando mucho— al utilizarlas sin parar. No obstante, estas plataformas, lejos de ayudarte a convertirte en la persona que fuiste creada para ser, estorban tu crecimiento espiritual. Te dejan malnutrido, atrofian tu madurez, y al mismo tiempo te engañan para hacerte creer que te están ayudando.

Me resisto a mencionar aplicaciones específicas (siempre surgen nuevas y otras caen en el olvido); es mejor identificar características que nos ayuden a evitar caer en las garras de este tipo de tecnologías. Jaron Lanier, informático que acuñó el término «inteligencia artificial» y un fuerte crítico de las redes sociales, utiliza el término INCORDIO («Comportamientos de Usuarios Modificados y Convertidos en un Imperio para Alquilar», en español) para describir el problemático modelo de negocios que se ha utilizado para monetizar muchas de las plataformas que usamos hoy. Lanier explica que estas son aplicaciones que generan ganancias a través de la recolección de datos de sus usuarios para presentarles anuncios personalizados pagados por terceros. Para lograr reunir la mayor cantidad de datos, estas plataformas son diseñadas para capturar la atención de los usuarios a toda costa, saturarlos de contenido y manipular su comportamiento para que interactúen todo lo posible en la plataforma, especialmente con el contenido publicitario. La máquina INCORDIO, según la describe Lanier, cuenta con seis partes que hacen posible la construcción de poderosísimos imperios tecnológicos:

1) Captar la atención de los usuarios y hacer que se conviertan en buscadores de atención a toda costa.

2) Vigilar cada movimiento de los usuarios: sus compras, intereses, contenido de los mensajes, movimientos, etcétera.

3) Saturar de contenido la mente de las personas.

4) Manipular el comportamiento de las personas para que pasen más tiempo en la plataforma y para alterar su estado de ánimo o reforzar su fidelidad a una marca o ideología.

5) Ganar dinero permitiendo que prácticamente cualquiera, sin importar si sus intenciones son desagradables, pueda rentar la plataforma para acceder a sus usuarios y manipularlos.

6) Permitir la proliferación de cuentas falsas que dirigen la conversación e influyen en los usuarios reales.[2]

Piensa en una plataforma digital que te engancha: puedes pasar horas en ella casi sin darte cuenta. Muy probablemente hay una máquina INCORDIO detrás de ella o, por lo menos, cuenta con algunos de los seis elementos de INCORDIO. La principal preocupación de Lanier es el elemento manipulador detrás de esta máquina: las aplicaciones no solo captan tu atención, sino que también influyen en tu comportamiento (veremos un poco más acerca de cómo lo hacen en el siguiente capítulo). Ciertamente, la modificación de la conducta por parte de una corporación que no tiene tu bienestar como una prioridad real es sumamente preocupante. Con todo, creo que el mero hecho de que estas plataformas capturen nuestra atención a toda costa (porque entre más atención les damos, más dinero ganan) ya es algo que debería hacer sonar las alarmas en nuestra cabeza. Los dueños de estas poderosas

---

2. Adaptado de Jaron Lanier, *Diez razones para borrar tus redes sociales de inmediato* (Madrid, España: Debate, 2018), edición para Kindle, capítulo 2.

plataformas con frecuencia las presentan casi como la respuesta a todos los males de la humanidad, diciendo que tienen un objetivo vago y positivo como «conectar al mundo», «compartir creatividad y alegría» o «capturar aquello que amas». En realidad el objetivo es simple: tenerte en la pantalla el mayor tiempo posible para obtener más y más ganancias. Ya sea que cuenten con las seis características que Lanier presenta o solo con algunas, la realidad es que cada vez existen más tecnologías diseñadas principalmente para atrapar tu atención y no dejarte ir.

Estas son las «*apps* de Escrutopo». Se encuentran en toda clase de dispositivos (computadoras, relojes inteligentes, televisores y hasta en algunos refrigeradores), pero nos atrapan principalmente desde nuestros móviles, que llevamos con nosotros todo el tiempo a todos lados. Las llamo «*apps* de Escrutopo» porque estoy convencida de que el demonio experto de *Cartas del diablo a su sobrino* estaría contentísimo de observar el desarrollo de estas tecnologías y serían una de las principales armas en su arsenal para mantener a sus «pacientes» —los cristianos— alejados de la comunión con «el enemigo» —Dios—, y pasivos en medio de la responsabilidad de crecer en su fe y cumplir la misión que tienen de compartir la verdad del evangelio por el mundo, reflejando la gloria de Aquel que los llamó de las tinieblas a la luz. Por supuesto, las *apps* de Escrutopo no son los únicos instrumentos que el tentador utiliza para capturar nuestra atención, saturar nuestros sentidos y manipular nuestro comportamiento, miles de herramientas y estrategias distintas a lo largo de la historia se han usado para estos propósitos; pero sería una necedad negar el poder que estas plataformas digitales ejercen sobre nosotros. Dejemos de engañarnos.

***

¿Solo es un instrumento en nuestras manos? «Alto ahí», podrías decir. «Un cuchillo es solo una herramienta. Es neutral. Puede utilizarse para preparar una deliciosa comida o para asesinar a un ser humano. Todo depende de quién lo lleve en la mano... lo mismo pasa con el teléfono».

Eso no es cierto, en al menos dos aspectos. Para empezar, hace muchos años que nuestros teléfonos dejaron de ser *una* herramienta. Antes, un teléfono nos servía para conectar a través de la voz a dos o más individuos que se encontraban separados por la distancia, y ya. Era una herramienta con un propósito particular. Hoy, sin embargo, nuestros teléfonos «inteligentes» son más bien *una caja* de herramientas. Llamar a otros es solo una de las múltiples funciones que pueden cumplir (que algunos de nosotros preferimos evitar). Dentro del teléfono encontramos una multitud de herramientas: mapas, notas de voz, mensajería, calculadora, lámpara, reloj mundial, clima y muchas aplicaciones más. En nuestra caja, desafortunadamente, también encontramos aplicaciones que se disfrazan de herramientas cuando no lo son: las *apps* de Escrutopo. ¿Por qué? Porque para que una herramienta sea una verdadera herramienta, nos debe servir para algo. Pero, si somos sinceros, rara vez utilizamos las *apps* de Escrutopo con propósito. Cuando consideramos sacar nuestro martillo de la caja de herramientas, tenemos un objetivo específico (clavar un cuadro nuevo en la pared del comedor, por ejemplo) y un plan: apartamos la mesa, medimos la pared, señalamos con un lápiz el punto adecuado para el clavo... entonces sacamos el martillo, clavamos, lo guardamos, colocamos el cuadro, nos aseguramos de que está nivelado y ponemos la mesa en su lugar. De las aproximadamente ciento cincuenta veces que revisamos el teléfono cada día, ¿cuántas tienen un propósito claro con un objetivo y un plan específico? ¿Cuántas terminan contigo atrapado en un remolino de distracción y saturación mental innecesaria?

Además, las *apps* de Escrutopo no son neutrales. No son como un cuchillo que espera pacientemente en un cajón hasta que sea tiempo de utilizarlo y que no tiene influencia alguna sobre tu mano cuando lo sujetas. Tú mandas: tú decides si cortar una zanahoria o un brazo. Las *apps* de Escrutopo están listas para llevarte sutil pero incansablemente en una dirección particular: que te mantengas el mayor tiempo posible dentro de esas mismas aplicaciones. Mientras estás ahí, recopilarán tus datos y te manipularán para gastar dinero. Lo harán de muchas maneras sutiles, a través de pequeñas recompensas y castigos visuales o sociales que rara vez percibirás de manera consciente. Por supuesto, tu capacidad de decidir cerrar la aplicación y dejar a un lado el teléfono nunca es anulada, pero es ingenuo decir que podrás soltarla con la misma facilidad que dejas el cuchillo después de rebanar algo de pan.

***

Es bastante probable que ya te hayas dado cuenta del increíble poder que las apps de Escrutopo tienen sobre ti. Has pasado noches de desvelo, has peleado con tu cónyuge, has llorado por lo lejos que estás de parecerte a los que te sonríen desde la pantalla. También has visto cómo tu relación con Dios parece inexistente. Escuchas a otros hablar de Dios con mucha pasión y tú deseas conocerlo de esa manera. Ves a alguien hablar acerca de Jesús y te asombras de cómo pudo entender cosas que para ti son invisibles en la Biblia. O quizás recuerdas con añoranza cómo antes podías pasar un buen rato sumergido en la Palabra y en constante oración, mientras que en los últimos años simplemente te dedicas a sobrevivir con las migajas espirituales que otros te ofrecen. Tal vez anhelas elevar tu corazón a Dios, pero sientes que no tienes nada que decir. Estás profundamente insatisfecho con tu vida espiritual. Pero, lejos de correr hacia el Señor, huyes a la distracción. Sabes que no deberías, pero lo haces, una y otra vez. A veces, intentas hacer un cambio, pero a los pocos días, caes en lo mismo de siempre. Te convences de que hay algo mal contigo, de que el problema eres tú. Piensas que la madurez espiritual es para otro tipo de personas, alguien que tiene dones y talentos que tú no tienes. Llega el punto en el que dejas de resistirte y simplemente te dejas arrastrar por la corriente de distracción digital de las *apps* de Escrutopo.

La buena noticia es que Dios está a nuestro favor. Y «si Dios está por nosotros, ¿quién estará contra nosotros?».[3] El Señor nos salvó, nos dio a Su Hijo y, con Él, todas las cosas. Él no está en una nube mirando pasivamente cómo desperdiciamos nuestra vida. Ha ofrecido todo para que podamos vivir en abundancia, amándolo a Él y a nuestro prójimo, en medio de un mundo quebrantado por el pecado, siendo luz en las tinieblas e invirtiendo nuestra vida para Su gloria. Él empezó la obra en nosotros y promete terminarla. Nosotros podemos dejar de permanecer aplastados bajo el peso del hipnotismo de las *apps* de Escrutopo y levantarnos para ser parte de lo que Dios está haciendo mientras restaura todas las cosas en Cristo Jesús. Dios no quiere que nos marchitemos y desperdiciemos nuestra vida. Quiere que la usemos para Su alabanza y la disfrutemos caminando en Su voluntad.

Quizás uno de los problemas más grandes es que los cristianos nos hemos conformado con aquello que «no tiene nada de malo». A nuestra apatía y falta de sabiduría las vestimos de piedad antilegalista. Como la Biblia no nos enseña explícitamente cómo utilizar la tecnología que hoy nos acompaña, concluimos que podemos hacer lo que nos dé la gana con ella. Usamos 1 Corintios para justificar nuestra falta de disciplina en lugar de para estimularnos a buscar

---

3. Rom. 8:31.

la piedad. Gritamos: «¡todo es lícito!» y murmuramos entre dientes: «pero no todo es de provecho».[4] Nos aferramos a «todas las cosas me son lícitas» mientras pasamos de largo «pero yo no me dejaré dominar por ninguna».[5]

Pero, si somos sinceros, eso es justo lo que estamos permitiendo que suceda. Las pantallas (principalmente a través de las *apps* de Escrutopo) nos dominan. Dominan a los niños, a los jóvenes, a los adultos e incluso a los ancianos. Dominan a hombres y mujeres. Dominan a los pobres y dominan a los ricos. Dominan a los nuevos en la fe y a aquellos que llevan décadas caminando en Cristo. Lo sabemos, pero nos cuesta admitirlo. Decimos algo como «sí, quizás paso demasiado tiempo en el teléfono», pero rápidamente desviamos la conversación para proclamar las muchas virtudes de la tecnología. En las pantallas, decimos, tenemos acceso a toda la información acumulada por la humanidad. A través de estos dispositivos podemos visitar museos al otro lado del océano, recibir lecciones dictadas por ganadores de premios Nobel y leer sobre las costumbres de una tribu cuyo nombre nos es imposible pronunciar. En las pantallas también podemos conectar con amigos y familiares que están lejos. Podemos hacer videollamadas para saludar a los que se han ido a vivir al otro lado del mundo, ponernos de acuerdo con un amigo de la iglesia para ir a tomar un café y capturar la voz de ese pequeño que está creciendo a toda velocidad. Como si todo esto fuera poco, las pantallas nos ayudan a transmitir verdades bíblicas como nunca antes. Una predicación en video podría exponer el evangelio a miles de personas en unos cuantos minutos; un versículo que se vuelve viral podría representar la primera vez que muchos en Internet hayan leído algún fragmento de la Biblia.

---

4. 1 Cor. 10:23.
5. 1 Cor. 6:12.

Maravilloso, por supuesto. Todo esto es fantástico. Si usáramos nuestras pantallas cada día con sabiduría para cultivar nuestra mente, fortalecer relaciones genuinas y compartir verdades eternas, nuestras vidas lucirían muy distintas. Desafortunadamente, mientras pregonamos las bondades de las pantallas, la mayoría del tiempo las usamos para responder al canto de sirena de las *apps* de Escrutopo y embotar nuestra mente con información superficial que no nos es de provecho, para conformarnos con relaciones que se miden en «me gusta» y para compartir nuestras opiniones semicocinadas acerca de temas que en realidad no comprendemos.

***

¡Demasiado dramático! Si te parece que exagero, quizás eres un superhumano incapaz de ser afectado por los muchos trucos de las *apps* de Escrutopo para capturar tu atención una y otra vez. Si ese es el caso, este libro no es para ti. Lo que es más probable, sin embargo, es que tal vez necesites pasar un rato sin tu teléfono para darte cuenta de que realmente estás atrapado. A veces, la mera sugerencia de pasar tiempo lejos del móvil o las redes sociales es suficiente para que nos demos cuenta de lo dependientes que somos de nuestros dispositivos y las plataformas que estos ponen a nuestro alcance. Decimos que sería lindo pasar un fin de semana sin revisar el correo electrónico o el WhatsApp del trabajo, pero ¿cómo podríamos hacer esperar dos días al cliente? Nos sentimos terrible después de pasar dos horas comparándonos en Instagram, pero volvemos al día siguiente porque ¿cómo entonces vamos a estar al tanto de la vida de nuestros amigos? Estamos hartos de los pleitos políticos, pero no nos atrevemos a cerrar la cuenta de Facebook porque ¿cómo daremos a conocer los eventos del mes por otro medio que no sea el grupo de la iglesia? Quisiéramos pasar la

primera hora de la mañana en oración en lugar de en el teléfono, pero ¿cómo podríamos dejarlo lejos o apagarlo si necesitamos la alarma para despertar?

No nos hemos dado cuenta de que somos como un alcohólico que justifica llevar su cantimplora a todos lados. Cuando sus compañeros de trabajo lo miran extrañado, alega que la bebida lo ayuda a concentrarse y relajarse. No ve por qué otros se molestarían de que beba, si no le está haciendo daño a nadie y aparentemente sigue cumpliendo con sus responsabilidades. Es hora de admitirlo: no somos tan distintos. Hemos pasado de ser dueños de la tecnología a ser esclavos de ella. Estoy bastante segura de que sabes exactamente dónde se encuentra tu aparato favorito. Quizás incluso lo estás viendo por el rabillo del ojo o en el horizonte, un poco más allá del borde de las páginas de este libro. Podría ser que ahora mismo estés en tu dispositivo móvil y estés invirtiendo la mitad de tu energía en no atender las notificaciones que aparecen mientras lees. Nuestras mentes han terminado siendo moldeadas para que vayamos a las *apps* de Escrutopo una y otra vez. No se nos ocurre qué otra cosa podríamos hacer. Hemos llegado a creer que no tenemos otra opción más que seguir utilizando nuestros dispositivos como «siempre» lo hemos hecho y como lo hace «el resto del mundo». En las palabras de la socióloga Felicia Wu Song, «cuando estamos inquietos, vamos a nuestros teléfonos y dispositivos porque, de formas curiosamente profundas e inexploradas, nuestros cuerpos y nuestras imaginaciones han olvidado adónde más podemos ir».[6]

***

<hr>

6. Felicia Wu Song, *Restless Devices: Recovering Personhood, Presence, and Place in the Digital Age* (Downers Grove, IL: IVP Academic, 2021), edición para Kindle, p. 9, traducción de la autora.

Había una vez una prisión maravillosa. Solo había una puerta y no tenía ventanas, pero dentro de ella podías encontrar incontables tesoros. Contaba con una biblioteca repleta (pero nunca llena; todos los días llegaban nuevos libros) de literatura fantástica, ilustraciones exquisitas y ensayos densos como el mercurio. Los presos no se cansaban de mirar. Justo al lado, había un salón cuyas paredes parecían hechas de radios. Bastaban unos audífonos muy singulares para sintonizar el aparato que tú quisieras (¡incluso podías escuchar uno distinto en cada oído!) y recibir noticias en tiempo real sobre lo que sucedía dentro o fuera de la cárcel. Los presos no se cansaban de escuchar. En aquella prisión también había enormes teatros cuyos escenarios jamás estaban vacíos. A cualquier hora encontrabas payasos, cantantes de ópera o poetas declamando intensos soliloquios. Los presos, que solían unirse a las puestas en escena, no se cansaban de reír, llorar y aplaudir.

La puerta de la prisión estaba abierta pero nadie quería salir. Si algún preso se dirigía hacia la luz, el camino al teatro, a la biblioteca o al salón de radios parecía materializarse justo delante. Casi sin darse cuenta, los pasos del pobre (pero entretenido) prisionero terminaban adentrándose más en la cárcel; la visión del mundo exterior se evaporaba en un remolino de mirar, escuchar, reír, llorar y aplaudir.

No negaré las maravillas de la prisión en la que podemos ingresar a través de las *apps* de Escrutopo. Muchos se han encontrado allí por primera vez con las verdades de la Biblia. Muchos escuchan en esas *apps* sobre lo que sucede en lugares remotos y encuentran entretenimiento después de un largo día de trabajo. Muchos conocen amigos para toda la vida a través de ellas. Pero tampoco podemos negar que la prisión maravillosa es una prisión.

Puede mostrarnos verdades bíblicas, pero nos mantiene atrapados para no poner en práctica lo que leemos. Puede inspirarnos o entretenernos, pero nos mantiene atrapados para dedicarnos a consumir en lugar de dar. Puede conectarnos con otros, pero nos mantiene atrapados para hacernos creer que las únicas relaciones que somos capaces de tener son aquellas que suceden a través de una pantalla.

Las *apps* de Escrutopo nos hacen creer que la prisión es el único lugar donde existen bibliotecas, salones de radio y teatros. Que solo atrapados podremos aprender cosas nuevas, construir negocios, enterarnos de lo que sucede en el mundo y conectar con los que nos rodean. Es hora de dejar de escuchar sus mentiras y aprender a disfrutar el regalo que Dios nos da en la tecnología sin sacrificar nuestra libertad.

III

La culpa

*Todos los extremos, excepto la extrema devoción
al Enemigo, deben ser estimulados.*

(Carta VII)

« Yo no fui». Cualquier padre de familia puede confirmar
que esas tres palabras juntas son una de las primeras
frases que se añaden al repertorio de todo ser humano en
miniatura.

Evitamos a toda costa asumir la culpa, prácticamente
desde el despertar de nuestra consciencia. Al principio, lo hacemos de manera torpe, como cuando un niño
dice «yo no fui» parado frente a la pared rayada de azul
mientras sujeta el crayón en la mano. Poco a poco, sin
embargo, aprendemos a huir de manera más sofisticada:
el pequeño se asegurará de dejar los crayones junto
a su hermano bebé antes de afirmar que él mismo no
tuvo nada que ver en el asunto. Esto probablemente no
debería sorprendernos. Después de todo, el padre de la
humanidad corrió a esconderse entre los arbustos aun
cuando el que lo buscaba es omnisciente y omnipresente.
Pero así somos: aunque el escape no tenga mucho sentido, haremos lo que sea por conseguir unos cuantos
segundos de alivio antes de tener que asumir nuestra
responsabilidad.

Adán dijo «yo no fui» y señaló a Eva, «la mujer que Tú
me diste».[1] ¿A quién señalas tú?

---

1. Gén. 3:12.

45

Quizás te encuentras viendo la quinta hora de videos en Internet cuando sabes que hace horas que deberías estar durmiendo. «Yo no fui. Lo que pasa es que la universidad me tiene agotada y necesito tiempo para relajarme». Tal vez no dejas de actualizar el teléfono por debajo de la mesa del comedor cuando sabes que deberías estar prestando atención a las aventuras de tu hijo en el colegio. «Yo no fui. Lo hago porque mi jefe se molesta si no le respondo inmediatamente». Puede ser que hayas pasado diecisiete horas en Instagram en una semana, cuando sabes que deberías pasar más tiempo leyendo la Biblia. «Yo no fui. No lo hago solo por diversión, lo que pasa es que ahí es donde me entero de cómo está mi familia, mis amigos y mis vecinos».

Sabemos que algo anda mal, pero estamos seguros de que el problema no somos nosotros. La responsabilidad es de alguien más: mis profesores, mi jefe, mis hijos, mis clientes, Mark Zuckerberg. Si ellos no fueran como son, yo no tendría que estar tanto tiempo pegado a la pantalla. Pero, como no podemos hacer nada para que ellos dejen de ser como son, nos encogemos de hombros y seguimos navegando en el universo virtual.

Por otro lado, podría ser que lleves algún tiempo meditando en el uso que les das a tus dispositivos. Sabes que es demasiado. Has reconocido que estar aferrado al teléfono no te permite desarrollar los buenos hábitos de espiritualidad, lectura o ejercicio que tanto deseas. Leíste algunos artículos; viste incontables videos en YouTube. Estás dispuesto a organizarte mejor. Descargas varias herramientas para limitar tu tiempo en pantalla, eliminas de tu móvil las aplicaciones más adictivas e incluso le pides a alguien de confianza que cambie tus contraseñas. Estás listo para que todo sea diferente. El problema es que los meses han pasado y todo sigue igual. Yo sí fui, pero no sé cómo parar.

Las razones para nuestro uso descontrolado de la tecnología son intrincadas. Identificar al culpable no es tan sencillo como nos gustaría. ¿Habrá cosas fuera de mí, que no puedo cambiar, que estén ocasionando que tenga los hábitos digitales que tengo? Sí. ¿Hay cosas dentro de mí, que yo mismo puedo cambiar, que estén ocasionando que tenga los hábitos digitales que tengo? Sí. Es cierto que debemos respetar nuestro reposo y no revisar el correo electrónico del trabajo durante los días de descanso. También es cierto que muchos tienen en sus teléfonos personales las mismas plataformas que los conectan a jefes extremadamente controladores que demandan atención veinticuatro horas al día, los siete días de la semana. Es cierto que nadie nos obliga a entrar a Instagram una y otra vez para revisar los comentarios de la publicación más reciente. También es cierto que fuimos diseñados para la comunión con otros, y las incontables notificaciones parecen pequeños recordatorios de que le importamos a alguien. Es cierto que podemos cerrar el navegador después de un par de videos. También es cierto que el algoritmo acaba de mostrarte un nuevo video que es perfecto para atraerte e invitarte a mirar más, convenciéndote de que «solo en un ratito más» irás a la cama.

Negar lo complejo de nuestra realidad tecnológica no nos llevará a ningún lado. Fingir que nuestro carácter es irrelevante porque el mundo entero tiene que cambiar nos dejará atascados. Nos hace irresponsables. Fingir que nuestra cultura no ha sido dominada por la tecnología y nos empuja con fuerza a utilizar nuestros dispositivos de cierta manera nos dejará abatidos. Nos hace autosuficientes, convenciéndonos de que solo necesitamos esforzarnos un poco más para ser libres de la esclavitud a la pantalla y las *apps* de Escrutopo. En cualquier caso, acabamos frustrados, exactamente en el mismo sitio donde estamos hoy o en un lugar peor.

Aunque las causas exactas de nuestro uso desmedido de las pantallas sean difíciles de discernir (y aunque sea imposible que este libro ofrezca un análisis personalizado, considerando el carácter y las circunstancias de cada lector), vale la pena detenernos y analizar la situación para identificar factores detonantes que son relevantes para todos. Aunque no todos somos iguales, todos somos humanos; aunque no todos habitamos el mismo cosmos social, todos estamos sumergidos más o menos en el mismo cosmos digital.[2] ¿Qué está pasando en nuestros corazones y en el mundo que hace que quitar la mirada de las pantallas (particularmente de las *apps* de Escrutopo) sea tan complicado? Miremos primero lo que está pasando fuera de nosotros: cómo es que los creadores de las *apps* nos atrapan. En el próximo capítulo veremos más de cerca cómo nos dejamos atrapar.

∗∗∗

Los primeros años de la historia de Internet recuerdan un poco a la torre de Babel. La principal similitud entre ambos proyectos es la emoción inicial con la que se emprendió su puesta en marcha. Tanto la torre como el Internet fueron concebidos con mucho entusiasmo y optimismo, ya que prometían cambios maravillosos para toda la humanidad. Los creadores de la torre pretendían unir a las personas con un edificio que llegara al cielo; los creadores de Internet pretendían unir a las personas, sin importar dónde estuvieran, a través de pantallas conectadas a una misma red virtual. Ambos proyectos parecieron lograr su objetivo unificador por un tiempo, y ciertamente provocaron cambios para toda la humanidad. Aunque lo «maravilloso» de esos

---

2. Digo «más o menos» porque las redes sociales no nos muestran lo mismo a todos, aunque nos manipulen a todos de la misma manera. Además, no todos usamos las mismas aplicaciones en nuestros dispositivos digitales.

cambios está abierto a discusión, lo que sí podemos decir con certeza es que no fueron precisamente los cambios que todos esperaban. Los de Babel acabaron confundidos y, si somos sinceros, los de Internet tampoco tenemos las cosas muy claras. El panorama del mundo digital está lejos de ser la utopía que se nos prometió en la década de los noventa.

No quiero forzar demasiado el símil. Internet no es Babel. Ya hemos hablado de que la tecnología en general no es el problema. La torre de la que leemos en Génesis terminó abandonada y con sus constructores desperdigados. Dudo mucho que lo mismo suceda con Internet, aunque, curiosamente, al menos un crítico de las redes sociales ha propuesto una especie de dispersión para el mundo digital.[3] Suceda lo que suceda, esta nueva versión de la soberbia humana nos recuerda que ninguno de nuestros sueños idealistas puede escapar de la trampa que son nuestros corazones. Cuando creamos, lo hacemos a nuestra imagen y semejanza. Aun sin querer, imprimimos en nuestros proyectos los anhelos más profundos del corazón. Si somos sinceros, reconoceremos que estos anhelos no

---

3. ¿Cómo? Eliminando la protección que se ofrece a los servicios de Internet para que no sean responsables de lo que sus usuarios publican en las plataformas. Si alguien amenaza de muerte a otra persona en Twitter, por ejemplo, la plataforma no se mete en problemas. Cal Newport, profesor de informática y autor, afirma que si esa protección es revocada, mantener las plataformas masivas de Internet sería una locura legal (imagina que Facebook pudiera ser demandado cada vez que una de las innumerables publicaciones de sus miles de millones de usuarios infrinja alguna ley). Newport sueña con que, si esto llegara a suceder (lo que, a decir verdad, es poco probable por ahora), los gigantes de redes sociales se derrumbarían, pero Internet seguiría existiendo en una versión que recuerda a la de sus inicios: «Regresaríamos a los sitios alojados individualmente que, por un puñado de dólares al mes, podrían soportar fácilmente las publicaciones de los usuarios, incluyendo texto, imágenes y vídeo. [...] A falta de viralidad en las redes sociales, se descubriría a la gente y los *feeds* interesantes del mismo modo que en 2005, mediante una combinación de enlaces, serendipia y recomendaciones personales».
Lee el ensayo completo de Newport aquí: https://calnewport.com/on-section-230-and -the-dream-of-a-more-human-internet/

suelen ser los más nobles. No hace falta más que echar un vistazo al mundo que nos rodea para darnos cuenta de que, cuando de esfuerzo humano se trata, lo gloriosamente hermoso está siempre mezclado con lo terriblemente perverso. No es extraño entonces que ni el altruismo más puro para hacer que el conocimiento estuviera disponible para todos pudiera escapar de lo que hace milenios se describió como la raíz de todos los males: el amor al dinero.[4] Cualquier proyecto necesita fondos para mantenerse, y la manera en que Internet comenzó a monetizarse trastornó el mundo por completo.

Tu boleto de entrada para ser parte de la fantástica promesa de Internet, particularmente a través de las *apps* de Escrutopo, no se compra con billetes ni tarjetas de crédito; lo consigues ofreciendo algo mucho más valioso que el dinero: atención, tiempo y un registro permanente de cada uno de tus comportamientos digitales. Resulta trágico que muchos están más dispuestos a soltar esos tesoros que a deshacerse de los dólares y los pesos. Eso no representó un problema, sino una oportunidad. Las plataformas digitales se convirtieron en un puente muy lucrativo: atrajeron a usuarios que ofrecen sus miradas, minutos y movimientos, para colocarlos delante de anuncios pagados por corporaciones de todos los tamaños que andan en busca de clientes y ventas.

***

«¡Perros de Pavlov!», gritó la profesora de literatura en medio del bullicio del salón de clases. Poco a poco, fuimos guardando silencio. Yo tenía unos catorce años y no comprendía la frase; simplemente, me parecía una manera graciosa de referirse a nosotros en medio de la frustración de

---

4. 1 Tim. 6:10.

lidiar con un montón de adolescentes. Hoy, sin embargo, me asusta ver cómo prácticamente todos nos hemos convertido en perros de Pavlov sin darnos cuenta.

Ivan Petrovich Pavlov fue un fisiólogo y psicólogo ruso, galardonado con el Premio Nobel de Fisiología y Medicina en 1904. Su fotografía tomada en los años del Nobel revela a un hombre distinguido, con abundante barba blanca y mirada penetrante. Uno no esperaría que alguien con tanto porte estuviera interesado en las babas de un animal. Pero así fue. Entre los muchos experimentos de Pavlov, resalta su trabajo con perros salivantes, cuyos resultados marcaron el inicio de la investigación científica del condicionamiento.

Mientras estudiaba la digestión de los canes, Pavlov notó que sus animales empezaban a babear antes de recibir la comida; por ejemplo, al escuchar el carrito de los alimentos acercándose. Los perros asociaban el sonido de unas ruedas chirriantes con la satisfacción de ser alimentados. ¿Sería posible condicionarlos para que salivaran con algún otro estímulo? Como buen científico, Pavlov se propuso responder esa pregunta a través de una serie de experimentos.

Primero, hizo sonar una campana delante de los animales, confirmando que ese estímulo no provocaba ninguna respuesta salival en los perros. Ese repicar, entonces, era un «estímulo neutral». Después, durante un tiempo, Pavlov tocó la campana justo antes de darles comida a los perros. Al tiempo, los animales empezaron a salivar solo al escuchar el tintineo, sin necesidad de recibir los alimentos. Los perros de Pavlov habían aprendido a asociar un sonido cualquiera con la comida; ahora, babeaban sin recibir nada a cambio. Cuando estamos frente a las *apps* de Escrutopo, se podría decir que tú y yo salivamos ante lo que vemos, pero sin satisfacer realmente el hambre de nuestros corazones.

A los experimentos de Pavlov (ahora conocidos como «condicionamiento clásico») siguieron las investigaciones de condicionamiento operante. Este término fue acuñado por el psicólogo estadounidense B. F. Skinner, a quien no le interesaba hacer babear animales. Skinner, más bien, quería utilizar el poder del condicionamiento para provocar que los sujetos de sus estudios modificaran el ambiente para conseguir una recompensa o evitar un castigo; es decir, que hicieran algo.

El trabajo de Skinner se enfocó en condicionar a actuar, no simplemente a reaccionar. En sus experimentos, los condicionantes operantes utilizan una caja con varios elementos: una bocina o luces de colores, una palanca o un botón, un comedero y un piso electrificado. La idea es que el animal en la caja aprenda a realizar cierta acción (presionar el botón) al percibir un estímulo (sonido o luz). El animal es recompensado de vez en cuando con comida o castigado con un choque eléctrico. Skinner comprobó que es más probable que se repitan las acciones si han sido acompañadas por una recompensa, y que es menos probable que se repitan las que han sido acompañadas por un castigo.

Los estudios de condicionamiento operante también han mostrado que este efecto es más efectivo cuando la recompensa no se ofrece cada vez que se realiza una acción, sino de manera intermitente. Aunque la mayoría de estos experimentos se ha realizado en animales como ratones y palomas, existe evidencia de que los resultados son los mismos en seres humanos. Solo hay que ver al apostador en la máquina tragamonedas: no siempre recibe premios, pero lo hace con suficiente frecuencia como para seguir accionando la palanca. En las *apps* de Escrutopo, tú y yo somos como ratones y palomas dentro de una caja de condicionamiento.

La monetización de las *apps* de Escrutopo no implica simplemente presentarte algunos anuncios de vez en cuando. No es solo que Meta o Google están vendiendo tu atención al mejor postor. Va más allá de eso. Lanier lo describe así: «El producto es el cambio gradual, leve e imperceptible de tu propio comportamiento y percepción».[5] Él describe varias diferencias entre los anuncios que encontramos en las *apps* de Escrutopo y la publicidad tradicional: antes, los anuncios solían ser pasajeros; ahora, se encuentran permanentemente frente a nosotros. Antes, los anuncios eran iguales para todo el mundo; ahora, están adaptados a las vulnerabilidades de cada persona. Antes, la publicidad era en una sola vía; ahora, respondemos a los anuncios y somos vigilados continuamente para que capten nuestra atención y nos hagan responder cada vez mejor. No, no es simplemente que lleves una valla publicitaria en el bolsillo. La valla publicitaria te transforma. Vibra y demanda tu atención mil veces al día, ofreciéndote pequeñas recompensas sociales cada vez que le haces caso («me gusta», comentarios, reacciones de tus amigos), lo que te lleva a hacerle caso cada vez más.

En la valla publicitaria se te olvida que eres un ser humano vulnerable interactuando con otros seres humanos vulnerables a través de un cristal. Pasas la mayoría del tiempo reaccionando sin pensar estímulo tras estímulo, con el objetivo principal de que sigas proveyendo sin descanso tu mirada, minutos y movimientos a corporaciones que lo último que tienen en mente es tu bienestar. Lanier escribe: «La publicidad se convertiría en el modelo de negocio dominante en la era de la información. Inicialmente, esto no pareció algo distópico. Los primeros anuncios en Google eran graciosos e inofensivos. Pero a medida que Internet creció, los dispositivos y los algoritmos evolucionaron, la

---

5. Jaron Lanier en *El dilema de las redes sociales* (Netflix, 2020).

publicidad mutó inevitablemente en modificación conductual de masas».[6]

Un clic y un *swipe* no dicen mucho sobre nosotros. Pero miles o millones de clics y miles o millones de *swipes* son otra historia. Esta información, utilizada con astucia, puede llegar a ser sumamente poderosa. Recuerdo el día en que se me antojó una pizza en particular. Aunque no somos muy amantes de la comida rápida, en esa ocasión quería ir a Papa John's. Hacía muchos años que no comía en esa cadena de restaurantes en mi natal México y jamás la había visitado en Guatemala, el país donde me encontraba en ese momento. Con todo, poco después de expresar mi antojo, Instagram comenzó a mostrarme anuncios de la pizza de Papa John's. Quedé horrorizada. ¿Cómo lo supo? ¿La aplicación estaba escuchando mi conversación? La respuesta oficial es que no, Instagram no escucha conversaciones (aunque somos muchos a los que nos cuesta creerlo). Sea como sea, una frase de Arthur C. Clarke resuena en mi mente: «Existen dos posibilidades: o estamos solos en el universo o no lo estamos. Las dos son igualmente aterradoras».[7] Tengo una versión ligeramente distinta para Meta Platforms, Inc.[8] y compañías similares. Existen dos posibilidades: o Meta está escuchando nuestras conversaciones o no lo está. Las dos son igualmente aterradoras. ¿Por qué? Si está escuchando, son plataformas terriblemente intrusivas. Si no está escuchando, son plataformas terriblemente poderosas. Capturan mi ubicación, la clase de publicaciones que veo, lo que comparto y así, sin más, pueden identificar cuándo se me antoja una pizza (¡y de dónde!).[9]

---

6. Lanier, *Diez razones para borrar tus redes sociales de inmediato*, p. 104.

7. Tomada de: http://clarkeinstitute.org/arthur-c-clarke/quotable-arthur-c-clarke/

8. Compañía dueña de Facebook, Instagram, Messenger y WhatsApp.

9. O tal vez, a través de sus anuncios, Instagram estuvo implantando en mi mente el deseo de pizza de Papa John's, y no me daba cuenta hasta que lo dije en voz alta.

El sueño de democratizar la información de calidad y erradicar la ignorancia se ha convertido en el sueño de usar trucos psicológicos para mantener a todo el mundo con los ojos en la pantalla y produciendo más información (la que sea), para que ellos y otros puedan seguir consumiendo más información en las pantallas (la que sea). Se ha convertido en el sueño de mantenernos atrapados para sostener imperios multimillonarios. Esto ha impactado la manera en que nos conducimos en prácticamente todas las áreas de nuestra vida. Intentamos descansar sin éxito al beber de una fuente rebosante de contenido entretenido. Nuestras relaciones se reducen a «me gusta» y comentarios; reímos lejos de los que ríen y lloramos lejos de los que lloran, usando emojis de carcajadas o manitas en oración. Nos preguntamos por qué cosas tan buenas nos parecen tan insípidas, sin darnos cuenta de que experimentar la vida a través de un aparato es experimentar un aparato, y no la vida.

✳ ✳ ✳

«¡Ey, hagamos esto otra vez!». Hace un tiempo, mis hijos recibieron una consola de videojuegos como regalo de su abuela. Yo estaba un poco nerviosa (como podrás imaginar, somos bastante estrictos con el uso de pantallas en casa), pero decidimos establecer límites claros y dejar que jugaran treinta minutos unas cuantas veces a la semana. Los chicos están acostumbrados a las reglas de la casa, así que, cuando llegaba la hora de apagar la consola, lo hacían sin chistar (quizás con algún suspiro quejumbroso de vez en cuando). No hubo berrinches. Sí hubo, sin embargo, algo mucho más profundo y preocupante. De repente, mi hijo menor comenzaba cada mañana con la misma pregunta: «¿Hoy es día de videojuegos?». Cuando la respuesta era «no», su rostro se ensombrecía. Si aquello era «sí», estallaba en una explosión de alegría y, durante el resto del

día, escuchábamos una y otra vez: «¿Ya es hora de los videojuegos?». Usamos calendarios de colores y relojes con grandes números brillantes para intentar enseñarle a identificar por sí mismo cuándo sería el momento de jugar, pero la expectativa de pasar esos treinta minutos en la consola parecía inundar su mente por completo: «¿Hoy es día de videojuegos? ¿Ya es hora de los videojuegos? ¿Hoy es día de videojuegos? ¿Ya es hora de los videojuegos? ¿Hoy es día de videojuegos? ¿Ya es hora de los videojuegos?». Noté cómo el tiempo en familia, las salidas al parque, los libros, las pelotas, las figuras de acción y los carritos fueron perdiendo su brillo. Lo único que había en su mente parecía ser: «¿Hoy es día de videojuegos? ¿Ya es hora de los videojuegos?». Nada se comparaba con el gozo de estar interactuando con una pantalla. Su mente parecía estar en uno de dos lugares: jugando videojuegos o esperando la hora de jugar videojuegos.

Poco después, aprendí más acerca de la dopamina. La dopamina es uno de los neurotransmisores más importantes en la vía de recompensa del cerebro. Es un químico que se fabrica naturalmente en algunas de nuestras neuronas después de realizar ciertas actividades o consumir ciertas sustancias. En términos muy burdos, la dopamina le dice a nuestro cerebro: «¡Ey, hagamos esto otra vez!». La dopamina se genera en niveles normales cuando comemos un plato bien balanceado, practicamos algún deporte o reímos con un amigo. Hay ciertas actividades y sustancias, sin embargo, que generan niveles de dopamina exagerados: drogas, redes sociales, pornografía, comida procesada, videojuegos. Generan una respuesta tal en el sistema de recompensa del cerebro («¡¡EY, TENEMOS QUE HACER ESO OTRA VEZ!!»), que nuestro cerebro termina teniendo una especie de visión de túnel: lo único que parece motivarnos y hacernos sentir alegres es aquella sustancia o actividad altamente dopaminérgica. Las cosas que antes nos parecían placenteras, aquellas que en teoría disfrutamos, ahora nos resultan poco atractivas.

Probablemente, te ha pasado: después de pasar toda la semana en el teléfono atendiendo notificaciones y *scrolleando* videos de quince segundos, dices que quieres pasar un rato leyendo. El sábado tienes unas horas libres, así que tomas tu libro y te sientas con una taza de café. En la tercera oración, tus ojos empiezan a deambular sin rumbo por la página. Tu mente divaga y, casi sin darte cuenta, tomas tu teléfono y revisas tus *apps* de Escrutopo. Dopamina. Cuarenta minutos después de ver un montón de publicaciones, recuerdas que te habías sentado a leer. Miras el montón de letras sobre el papel. *Uff.* Quizás el próximo fin de semana tenga más energía para hacer esto. Si no estás motivado para hacer nada de lo que en teoría te gusta, es posible que hayas caído presa de los efectos de una actividad o sustancia altamente dopaminérgica.[10]

Eso es lo que le pasó a mi hijo con sus videojuegos. La consola se convirtió en su única motivación. Aunque disfrutaba de verlo emocionado al vencer en una carrera o cuando me ganaba en un combate en la pantalla, me partía el corazón darme cuenta de que todas las otras cosas maravillosas en su vida (todos los otros regalos que Dios le permite disfrutar a su corta edad) le parecieran grises en comparación a una consola. Es por eso que decidimos eliminar los videojuegos de la rutina de nuestro hogar por los próximos años. No fue una decisión que mis hijos recibieron con demasiada alegría, pero con frecuencia, hablamos de cómo estamos buscando proteger sus cerebros para que se desarrollen sanamente, sin la influencia de actividades ultradopaminérgicas que los pongan en riesgo de caer en una adicción.

---

10. Para aprender más sobre los efectos de la dopamina en el cerebro, consulta Anna Lembke, *Generación dopamina* (Ediciones Urano, 2023).

***

No todo está perdido. Hay informáticos que están trabajando duro para cambiar todo esto. Tristan Harris, ético tecnológico y cofundador del Center for Humane Technology, es uno de ellos. Antes de dedicarse a su organización sin fines de lucro, era empleado de Google. Durante su tiempo trabajando en el proyecto «*Inbox by Gmail*», Harris preparó una presentación en la que explicaba que las grandes empresas de tecnología tenían que tomarse en serio la responsabilidad hacia sus usuarios a la hora de diseñar sus productos. El documento de más de cien diapositivas se titulaba: «Un llamado a minimizar la distracción y respetar la atención de los usuarios». Se hizo viral en la compañía. Harris recibió numerosos comentarios positivos por parte de sus colegas. Estaba muy emocionado por las conversaciones que se generaron. Luego, el furor se esfumó. Nada cambió.

Irónicamente, lo mismo sucedió con *El dilema de las redes sociales*, el documental en donde Harris cuenta esta historia. Cuando se estrenó en Netflix, nadie paraba de hablar de los horrores de la manipulación de la cual hemos sido víctimas. Todos estábamos tan emocionados por las conversaciones que estaban generando. Luego, el furor se esfumó. Nada cambió.

Los gigantes de la tecnología nos han entrenado como perros de Pavlov para alterarnos unos segundos por el drama de ese día y luego seguir deslizando hacia arriba. Alterarnos y olvidar. Alterarnos y olvidar. Alterarnos y olvidar. Ese entrenamiento ha sido sumamente útil: cuando los protagonistas del drama fueron los gigantes de la tecnología, simplemente tuvimos que deslizar hacia arriba una vez más. Alterarnos y olvidar.

Seguramente, el esfuerzo de pensadores como Jaron Lanier y Tristan Harris dará su fruto. Algún día. Me encantaría

58

ver a intelectuales cristianos siendo punta de lanza en el desarrollo de tecnologías éticas, diseñadas para el verdadero beneficio de los usuarios y no meramente para beneficio de los bolsillos de los dueños. Espero el día en que las plataformas gigantes de Internet sean reguladas de manera que se resguarde a las personas de la manipulación en masa y de la adicción. También sería maravilloso que todo esto resultara en un cambio social. No me sorprendería que en un par de décadas veamos el uso desmedido de los videojuegos, los teléfonos y las redes sociales como ahora percibimos el fumar en espacios cerrados o beber durante el embarazo. Con todo, tú y yo no podemos esperar a que algo cambie en el mundo para que algo cambie en nuestras vidas.

Aunque es cierto que los gigantes de la tecnología han creado vallas publicitarias portátiles que nos hipnotizan, también es cierto que nadie nos ha obligado a meternos esas vallas portátiles en el bolsillo.

IV

La libertad

Por lo menos, se les puede convencer de que la posición corporal es irrelevante para rezar, ya que olvidan continuamente —y tú debes recordarlo siempre— que son animales y que lo que hagan sus cuerpos influye en sus almas.

(Carta IV)

«Estamos en el siglo XXI». Esa es otra manera de decir algo como: «Tenemos las respuestas, actualízate y abrázalas». Nos gusta mirar atrás y compararnos con la gente «más primitiva» para sentirnos intelectual o moralmente superiores. En nuestro esnobismo cronológico,[1] nos hemos convencido de que, en realidad, no queda nada por descubrir acerca del propósito de la vida o la naturaleza del cosmos. Aquello que haga falta develar es, cuando mucho, objeto de mera curiosidad, como el número exacto de estrellas en el universo o una nueva especie de pez en el fondo del mar. Ya tenemos lo que importa.

Pero no es así. Los que verdaderamente saben, saben lo poco que saben. Entienden que los libros de texto ofrecen una certeza apropiada solo para el aprendiz informal. El erudito sabe que toda afirmación lleva decenas de notas al pie. No se trata de un agnosticismo secular que afirma

---

1. Término definido por C. S. Lewis como «la aceptación acrítica del clima intelectual de nuestra época y la suposición de que todo lo que ha pasado de moda está por ello desacreditado». Lee más aquí: https://www.cslewisinstitute.org/resources/c-s-lewis-on-chronological-snobbery/

que nada pueda saberse; simplemente, reconocemos que nada es tan simple como parece.

Aunque Google puede ofrecerte millones de resultados en menos de un segundo, existen preguntas milenarias cuya respuesta no puede ser revelada ni por el más poderoso ordenador. Son inquietudes sobre las que se han escrito centenares de libros cuyo final es más bien un «continuará». Una de estas cuestiones es la interrogante sobre la naturaleza del ser humano.

¿Qué somos? El afán de ofrecer una respuesta definitiva nos obliga a sobresimplificar.[2] Unos, por ejemplo, han dicho que somos una especie de «fantasma en la máquina». Nuestro verdadero ser es intangible y prisionero de una masa a través de la cual puede interactuar con el mundo material. En el otro extremo de la simplificación, tenemos a los que afirman que lo único que somos es un cascarón de carne. El «fantasma» es solo una mera ilusión con beneficio evolutivo. Creemos que somos algo más que nuestros sistemas biológicos, pero no es así. Esta segunda sobresimplificación, tristemente, suele ser la favorita de los científicos que se han olvidado de los límites de la ciencia.

Me encontré con ella mientras leía sobre la estructura y la función del sistema nervioso. La autora decía una y otra vez: «Tú eres tu cerebro. El alma es algo físico». No hice mucho caso. Después de todo, no estaba consultando a una neurocientífica para recibir clases de filosofía. Me conformé con marcar mis quejas en el margen del libro y seguir adelante. Pero luego me topé con una línea que me arrancó una carcajada: «Somos nuestra biología, pero no somos sus esclavos».[3] Ocho palabras con dos ideas que

---

2. Que quede registrado que soy plenamente consciente de la ironía de necesitar simplificar las simplificaciones para el desarrollo del argumento de este libro.
3. Kaja Nordengen, *Tu supercerebro: el único órgano irremplazable* (Barcelona, España: Paidós, 2014), p. 58.

se contradicen entre sí. Después de páginas de intentar reducir toda la experiencia humana a impulsos electroquímicos entre las neuronas del cerebro, la autora reconoce que no somos esclavos de los impulsos electroquímicos entre las neuronas del cerebro. Una total contradicción. Si no somos esclavos de lo que está sucediendo en nuestro cerebro, entonces la biología no puede tener la última palabra. Y si la biología no tiene la última palabra, tiene que haber alguien más en la conversación. Si somos nuestro cerebro y nada más que nuestro cerebro, entonces no nos queda otra opción sino ser sus esclavos. Pero si somos libres, tiene que haber algo que nos permita ir en contra de la manera en que nuestra biología nos inclina a actuar.

Nadie vive como si fuera un pedazo de carne que funciona en automático. La idea es totalmente contraria a nuestra experiencia diaria: somos agentes; tenemos voluntad. Por cierto, intentar comprender cómo es que esa voluntad funciona exactamente (por ejemplo, puedo concebir una idea en mi mente y de algún modo decidir que mis dedos se muevan de la manera que necesito para teclear las palabras precisas para comunicarla) es algo que está muy por encima de nuestro entendimiento. Algunos académicos piensan que es algo que nunca podremos comprender, incluso cuando tengamos juntas y ordenadas todas las «piezas del rompecabezas» sobre el funcionamiento cerebral.[4] Pero incluso si llegáramos a ser capaces de describir con precisión cada componente y proceso biológico involucrado en nuestra experiencia consciente (incluida la experiencia de la voluntad), esto no significa que la consciencia y la voluntad sean reducibles a dichos componentes y procesos biológicos. El estudio del origen de la vida puede darnos luz respecto a esto. Actualmente,

---

4. Lo denominan «el problema difícil de la experiencia consciente».

conocemos prácticamente todos los «ingredientes» para la vida; también sabemos cómo se combinan para formar distintos «platillos». Con todo, no hemos logrado «cocinar» la vida desde cero en el laboratorio. No es irracional pensar que necesitamos algo más que bloques bioquímicos para que esta se desarrolle.[5]

Así como no nos consideramos meros sacos de células automatizados, tampoco pensamos que otros sean meras máquinas biológicas. Más bien, hacemos a las personas responsables de sus actos. Entendemos que, si bien alguien puede tener una predisposición biológica hacia, por ejemplo, la agresividad, el individuo es responsable de controlar ese impulso, buscando ayuda profesional si es necesario.[6] Será condenado por la justicia si llega a cometer un crimen. Por supuesto, comprendemos que la biología es poderosa y puede llegar a incapacitar a ciertos individuos. Existen personas tan limitadas intelectualmente que aun en su adultez son consideradas como niños, incapaces de responder por sus actos. Sin embargo, suponemos (razonablemente) que la mayoría de los que nos rodean están en plena facultad de ejercer su voluntad. Eso es parte importante de lo que nos hace personas.

La tradición cristiana evita las sobresimplificaciones del fantasma en la máquina y del saco de células automatizado. En las páginas de la Biblia encontramos una gran diversidad de palabras que describen la experiencia humana: alma, carne, consciencia, corazón, cuerpo, entendimiento, entrañas, espíritu, mente, piel, vida... Nunca se nos ofrece un resumen definitivo y detallado sobre la estructura del

---

5. Después de todo, un animal muerto está hecho de los mismos bloques bioquímicos que un animal vivo.
6. «Existe evidencia que los niveles de testosterona son más elevados en aquellos individuos que presentan comportamiento agresivo, como en prisioneros que han cometido crímenes violentos». Menelaos L. Batrinos: https://www.ncbi.nlm.nih.gov /pmc/articles/PMC3693622/

ser humano. Por todos lados, sin embargo, encontramos destellos del intrincado panorama humano. El teólogo John Frame sugiere que es un error intentar asignar cada una de las palabras anteriores a una parte específica del ser humano. Frame explica que «el espíritu, el alma y el cuerpo no deben ser entendidos como componentes metafísicos del ser humano, como entidades distintas dentro de nosotros, luchando por la supremacía. Más bien, cada uno se refiere a la *persona completa* desde una perspectiva particular».[7] Cuerpo, alma, mente, espíritu, carne, corazón, piel y vida son palabras que se refieren a nosotros (por entero) con énfasis en algún aspecto de nuestra humanidad; por ejemplo, el cuerpo al aspecto biológico o material, el alma a las emociones y la voluntad, y el espíritu a la consciencia sobre Dios.

Claro que somos nuestra biología; pero también somos mucho más que eso. Esa es una excelente noticia para los que nos sentimos atrapados por las *apps* de Escrutopo.

***

No somos robots biológicos. Debemos admitir, sin embargo, que a veces actuamos como si lo fuéramos. Despertamos y hacemos las mismas cosas de siempre, a la manera de siempre. Suena la tercera alarma, rodamos para tomar el teléfono y nos saturamos de información superflua por cuarenta y cinco minutos antes de que la urgencia nos obligue a saltar de la cama para atender las responsabilidades del día. Nos miramos al espejo decepcionados porque nuestra vida está muy lejos de ser como la de aquellos en la pantalla. Somos arrastrados de un lado a otro en la casa, la universidad o la oficina, mientras prestamos algo de atención a lo que tenemos enfrente, atendiendo a medias a

7. John M. Frame, *Systematic Theology: An Introduction to Christian Belief* (Phillipsburg, NJ: P&R Publishing, 2013), p. 799, énfasis y traducción de la autora.

las incesantes demandas del mundo virtual: siempre hay un mensaje que responder, un video para ver, una noticia urgente imperdible del otro lado del mundo. Al final del día, nos desplomamos en el sillón sin saber bien qué hacer. Terminamos en lo de siempre: una pantalla que nos entretenga hasta que nuestros ojos pesen y sea tiempo de repetirlo todo otra vez. En medio del remolino de la rutina, de vez en cuando percibimos un débil deseo de cambiar y hacer algo con respecto al letargo que nos invade, pero lo sepultamos rápidamente bajo un «mejor mañana», un «¿para qué molestarse en intentarlo?» o un «sería lindo, si tan solo mis hijos, mis papás, mi cónyuge, mi jefe no fueran tan...». Y seguimos igual.

Si no necesitamos vivir como esclavos, entonces... ¿por qué nos hemos puesto las cadenas nosotros mismos? Cada corazón tendrá sus razones. Una de ellas es que vivir en libertad implica vivir tomando decisiones. Irónicamente, lejos de sentirse como algo liberador, tomar decisiones se siente muchas veces como una gran carga. Más de una vez, he mirado a mi esposo con profundo cansancio solo para decirle: «No me preguntes nada; hagamos lo que sea. Solo llévame». No negaré que es reconfortante tener la confianza de desplomarme en los brazos de alguien que me ama y dejar que él lleve todas mis cargas por un tiempo. Pero ¿qué pasaría si abandonara para siempre mi capacidad de decidir? ¿Qué sucedería si, en lugar de utilizar el tiempo de ayuda para fortalecerme y levantarme, simplemente me rehusara a volver a asumir cualquier responsabilidad? ¿Qué sería de mí si pasara el resto de mi vida dejándome llevar? Mi voluntad se atrofiaría, como un músculo que dejó de usarse y se descompuso. Recuperarlo implicaría un gran trabajo de rehabilitación.

Temo que esto es justo lo que nos ha estado pasando bajo el brillo de las *apps* de Escrutopo.

¿Cuándo fue la última vez que *decidiste* utilizar el teléfono? No fue durante esa interrupción hace unos minutos, mientras intentabas leer, cuando lo desbloqueaste porque una notificación llamó tu atención. Tampoco fue en ese rato en el trabajo cuando estabas aburrido o frustrado y, casi sin darte cuenta, terminaste revisando alguna de tus redes sociales. En esos momentos, no estás realmente eligiendo; estás dejándote llevar. Los momentos de verdadera decisión requieren un propósito claro para tu tiempo en la pantalla: «Ah, son las cuatro de la tarde. Revisaré mis mensajes de WhatsApp antes de volver a poner el teléfono en el cajón y pasar un rato con mi familia». ¿Cuándo, entonces, fue la última vez que ejerciste tu voluntad frente a una pantalla? Cuesta recordarlo porque cuesta vivir de esa manera. Usualmente, presionamos el botón de encendido y nos dejamos arrastrar por la corriente de iconos, sonidos, avisos y alertas. Nos hemos acostumbrado a marchar al ritmo de la tecnología.

¿Nueva aplicación? Descargar.

¿Alguien se volvió viral? Seguir.

¿Me llegó un correo? Abrir.

¿Siguiente video? Mirar.

A nadie le gusta vivir así. Ningún ser humano se deleitará en reducir su existencia a la mera respuesta a los impulsos digitales. Pero miramos alrededor y no parece existir otra opción. Vivimos en un mundo lleno de alertas listas para decirnos qué hacer y cuándo hacerlo. Dejarnos llevar es mucho más sencillo que tomar decisiones.

***

¿Será posible escapar? ¿Será posible dejar de vivir como esclavos, como robots de carne y hueso? Lo es. Requiere

arrepentimiento y fe, algo a lo que hemos sido llamados desde el principio de nuestro caminar con Jesús. El primer paso —el arrepentimiento— es reconocer que nos hemos dejado atrapar. Debemos reconocer que, en nombre de la comodidad y el entretenimiento, hemos permitido que desconocidos cuyo único interés es ganar dinero a costa nuestra tengan acceso a nuestros movimientos. Debemos reconocer que estos desconocidos son mucho más inteligentes y ricos. Debemos dejar de hacer como si la clase de aplicaciones que tenemos en nuestros teléfonos fuera irrelevante. Dejar de fingir que TikTok es lo mismo que la aplicación para grabar videos en el teléfono. Después de todo, años de experimentación, de recopilar datos para «mejorar la experiencia del usuario», han ocasionado que las *apps* de Escrutopo tengan un poder de atracción impresionante. No es en vano que muchas plataformas de redes sociales luzcan sumamente diferentes a lo que eran hace diez o cinco años, no solo en su diseño, sino en sus mismas funciones. Lo que mantiene a los usuarios entretenidos se queda; lo que hace que los usuarios cierren la plataforma se va. Con cada notificación que hemos atendido, cada deslizar hacia arriba, cada me gusta y comentario, hemos entrenado a las *apps* de Escrutopo para que nos entrenen mejor para volver a ellas.

Pero ese no es el final de la historia. No es necesario quedarnos tirados en el suelo por el peso de nuestras fallas. Podemos perseverar en fe. En Cristo Jesús, Dios nos ha dado no solo perdón de pecados, sino también todo lo que necesitamos para caminar en libertad en las buenas obras que Dios preparó para nosotros.[8] El Espíritu Santo de Dios mora en nosotros, guiándonos, confrontándonos, fortaleciéndonos, consolándonos. Nos recuerda que cada día es una oportunidad para caminar en arrepentimiento y fe.

---

8. Ver Ef. 2:1-10.

Nuestros cerebros son una de las muestras más maravillosas de que Dios nos da la oportunidad de vivir una vida de arrepentimiento y fe. Este fantástico órgano está siempre aprendiendo y desaprendiendo, creando nuevas conexiones y desechando las que ya no son necesarias. Respecto a un estudio sobre la regeneración cerebral en personas alcohólicas que se han mantenido sobrias por algún tiempo, la experta en adicción Anne Lambke comenta que «aunque los cambios cerebrales [de los alcohólicos] son permanentes, podemos encontrar nuevas vías sinápticas para generar comportamientos saludables».[9] Los que han sido atrapados por la bebida pudieron ejercer su voluntad para decidir tomar un camino diferente y pedir ayuda para desarrollar nuevos patrones de conducta, que se convierten en nuevos patrones cerebrales. De la misma manera, los que estamos atrapados por las *apps* de Escrutopo podemos ejercer nuestra voluntad para decidir tomar un camino diferente.

$$* * *$$

El tiempo pasa volando. La última vez que escribí un libro noté que «si mi hijo pudiera hablar, diría que el trabajo de mamá es ver un rectángulo brillante con el ceño fruncido».[10] Los años han pasado y yo sigo escribiendo frente a un rectángulo brillante con el ceño fruncido. Pero muchas otras cosas han cambiado. Ahora mi hijo puede hablar y escribir su nombre. Memoriza versículos de la Biblia y comparte sus ideas en el devocional de la mañana. Puede andar a toda velocidad en su monopatín, aunque a mí me parece que solo hace unos segundos se tambaleaba cuando intentaba caminar. En un abrir y cerrar de ojos, mi hijo creció. Y sigue creciendo.

---

9. Anna Lembke, *Generación dopamina* (Barcelona, España: Ediciones Urano, 2023), p. 74.
10. Ana Ávila, *Aprovecha bien el tiempo: Una guía práctica para honrar a Dios con tu día* (Nashville, TN: Grupo Nelson, 2020), p. 99.

¿Será que los niños tienen que esforzarse para crecer? Sí y no. Por un lado, los seres humanos estamos diseñados para, de alguna manera, desarrollarnos con el paso de los años (sobre lo que no tenemos control). Poco a poco, nuestros huesos se alargan y algunos se funden entre ellos; la piel se estira y los músculos aumentan de tamaño. Los mecanismos biológicos detrás de todo esto son complejos y fascinantes, y se encuentran completamente fuera del control consciente de la persona. Simplemente, suceden. Así que, por un lado, los niños no tienen que esforzarse para crecer. Sin embargo, es igual de cierto que existen prácticas en las que los niños deben invertir tiempo y energía para que ese crecimiento natural se desarrolle de manera apropiada. Para crecer bien, una persona debe comer de manera balanceada e hidratarse lo suficiente. Además, el sueño es crucial para establecer las conexiones neuronales, mientras que el ejercicio fortalece músculos y huesos. Los niños también deben convivir con otras personas (especialmente, a través del juego) para desarrollar su lenguaje y sus habilidades sociales. Así que, por otro lado, los niños sí tienen que esforzarse para crecer.

En *La fábrica de cretinos digitales: Los peligros de las pantallas para nuestros hijos* (que, por cierto, cuenta con casi cien páginas de referencias bibliográficas para respaldar sus argumentos), el neurocientífico francés Michel Desmurget escribe que «el consumo lúdico de los dispositivos digitales por parte de las nuevas generaciones no solo es "excesivo" o "exagerado", sino verdaderamente exorbitado y fuera de control. Entre las principales víctimas de esta orgía consumidora de tiempo se encuentran todo tipo de actividades esenciales para el desarrollo, como el sueño, la lectura, el diálogo intrafamiliar, los deberes, el deporte, el arte, etc.». Desmurget continúa diciendo que «este voraz frenesí digital perjudica gravemente la correcta evolución del intelecto, las emociones y la salud de nuestros niños».[11] Debemos notar que la principal preocupación de Desmurget no es que las pantallas sean tóxicas en sí mismas o que el contenido al que nuestros niños tienen acceso sea de mala calidad (aunque, por supuesto, debemos cuidar las cosas que nuestros niños miran y escuchan). El problema más grande es que, por estar en la pantalla, los niños se pierden de todas las actividades necesarias para su desarrollo.

Esto es trágico. También es trágico reconocer que lo mismo que sucede con el crecimiento físico, académico y social de los niños está sucediendo con el crecimiento espiritual de los seguidores de Jesús. Los cristianos hemos pasado de muerte a vida por la gracia de Dios, a través de la fe. Tenemos un nuevo corazón que desea amar a Dios y ser más como Jesús. El Espíritu Santo mora en nosotros y nos ilumina, confronta y santifica. Pero la madurez espiritual (poseer un carácter cada vez más santo) no se alcanza mientras estamos tirados en el sillón de la sala esperando que Dios obre y nos transforme a la imagen de Cristo. La Escritura nos llama a disciplinarnos para la piedad. Como escribe el profesor Donald Whitney: «El único camino a la madurez y a la piedad cristiana (término bíblico, sinónimo de ser como Cristo y santidad) pasa por las prácticas de las Disciplinas Espirituales. [... Estas son] aquellas prácticas que se encuentran en las Escrituras que promueven el crecimiento espiritual entre los que creen el evangelio de Jesucristo».[12] Así como Dios ha determinado que nuestros cuerpos maduren apropiadamente a través del alimento, el ejercicio y el sueño, también ha determinado que crezcamos en santidad a través de la meditación en Su Palabra, la oración, la comunión con la iglesia, entre otras prácticas.

---

11. Michel Desmurget, *La fábrica de cretinos digitales: Los peligros de las pantallas para nuestros hijos* (Barcelona, España: Ediciones Península, 2020), p. 344.
12. Donald S. Whitney, *Disciplinas espirituales para la vida cristiana* (Carol Stream, IL: Tyndale House Publishers, 2016), pp. 4-5.

Esto no significa que nosotros producimos el fruto del Espíritu en nuestras vidas, sino más bien que nos colocamos en aquellos lugares que Dios ha dispuesto como medios para experimentar el crecimiento espiritual que Él produce. Por esta razón, las disciplinas espirituales también se conocen como medios o hábitos de gracia. El pastor John Piper explica: «La Biblia no dice: "Dios está obrando en ti para llevar a cabo sus buenos propósitos, *por lo tanto*, quédate en la cama". Dice: "Ocúpate de tu salvación, *porque* Dios está obrando en ti" (ver Fil. 2:12-13). La obra de Dios no hace innecesaria nuestra obra; la hace posible. "He trabajado mucho más que todos ellos, aunque no yo, sino la gracia de Dios en mí" (1 Cor. 15:10). La gracia no solo perdona nuestras faltas, también posibilita nuestros logros, como disfrutar satisfactoriamente a Jesús más que la vida».[13]

¿Qué pasa entonces cuando somos distraídos a la hora de dedicarnos a la práctica de esas disciplinas espirituales? ¿Qué sucede cuando pasamos las horas, los días, las semanas, los meses y los años en un remolino digital que atrofia nuestra voluntad y nos mantiene alejados de los medios de gracia que Dios nos ha regalado? Naturalmente, nuestro crecimiento espiritual se ve estancado. No debería sorprendernos que nos cueste entender y compartir con otros qué es el evangelio. No debería sorprendernos que, en lugar de huir de la tentación, nos dobleguemos ante ella. No debería sorprendernos que no anhelemos la eternidad y que nuestra mente esté llena de lo que es terrenal. Si estar hipnotizados por las *apps* de Escrutopo nos ha impedido practicar cómo pensar y vivir conforme a la piedad, no debería sorprendernos que no pensamos ni vivimos en la piedad.

Las *apps* de Escrutopo hacen que nos conformemos con copias baratas de lo que nuestra alma realmente necesita

---

13. David Mathis, *Hábitos de gracia: Disfrutando a Dios a través de las disciplinas espirituales*, prólogo de John Piper (Proyecto Nehemías, 2020).

para nutrirse y crecer. Nos hacen desviar la mirada de la gloria del Dios eterno y colocarla sobre lo terrenal. Las *apps* de Escrutopo proveen sustitutos para nuestra meditación en la Palabra, para la oración y la comunión con la iglesia,[14] matando nuestro apetito por las cosas que verdaderamente nos transformarán a la imagen de Cristo.

***

Entonces, ¿qué somos? En un poema antiquísimo, encontramos una respuesta: los seres humanos somos una mezcla de bajeza y gloria.

> Cuando veo Tus cielos, obra de Tus dedos,
>
> La luna y las estrellas que Tú has establecido,
>
> Digo: ¿Qué es el hombre para que te acuerdes de él,
>
> Y el hijo del hombre para que lo cuides?
>
> ¡Sin embargo, lo has hecho un poco meno.r que los ángeles,
>
> Y lo coronas de gloria y majestad!
>
> Tú le haces señorear sobre las obras de Tus manos;
>
> Todo lo has puesto bajo sus pies:
>
> Todas las ovejas y los bueyes,
>
> Y también las bestias del campo,
>
> Las aves de los cielos y los peces del mar,
>
> Cuanto atraviesa las sendas de los mares.[15]

---

14. Estas son solo tres de las diversas disciplinas espirituales o hábitos de gracia a través de los cuales Dios nos concede madurar más y más a la imagen de Su Hijo. Si quieres profundizar más en el tema, consulta David Mathis, *Hábitos de gracia: Disfrutando a Dios a través de las disciplinas espirituales* (Proyecto Nehemías, 2020), y Donald S. Whitney y J. I. Packer, *Disciplinas espirituales para la vida cristiana* (Tyndale House Publishers, 2016).

15. Sal. 8:3-9.

Por un lado, la inmensidad del cosmos nos confronta con nuestra pequeñez. ¿Qué es un ser humano en comparación con las enormes galaxias? Aún más, ¿en qué puede compararse una persona con el Creador del esplendor de los cielos? Con todo, Él se acuerda de nosotros y nos cuida. No solo eso: nos dio autoridad.

Sí, somos débiles y nuestra voluntad está rota (y Escrutopo busca cada día aprovecharse de ello), pero seguimos siendo responsables de la creación. Es triste reconocer que, lejos de ejercer ese dominio con sabiduría, hemos tomado lo que Dios diseñó y hemos formado un ídolo ante el cual nos inclinamos. Nos hemos dejado transformar por ese dios falso al correr hacia él una y otra vez en lugar de rendirnos ante el Señor.[16] En Cristo, sin embargo, somos libres. Es hora de vivir como tal.

---

16. Sal. 115.

V

La Biblia

El mero hecho de razonar despeja la mente del paciente, y, una vez despierta su razón, ¿quién puede prever el resultado?

(Carta I)

No me preguntes cómo es que sé, pero Internet está lleno de *fandoms* de celebridades. Los *fandoms* son comunidades dedicadas a la vida y obra de una persona reconocida (también hay *fandoms* dedicados a libros, películas o videojuegos). Sus miembros se reúnen en foros o redes sociales para compartir datos curiosos, memes, teorías y mucho más. Aunque no sorprende que los gustos compartidos conecten a las personas, a veces asusta lo comprometidos que algunos fanes están con saber todo lo que se pueda saber acerca de una persona que no tiene la menor idea de que existen. Estos devotos seguidores dedican horas y horas a seguir cualquier detalle publicado de la vida de su celebridad; están al pendiente de cada imagen, noticia, entrevista y demás. No son pocos los que logran convencerse de que, a pesar de que la interacción más cercana que han tenido con su ídolo es posar para una fotografía después de un concierto, realmente conocen a ese artista que tanto admiran.

No es así, por supuesto. Es claro que para conocer a una persona necesitas saber cosas acerca de ella (aunque no basta cualquier tipo de información, ¡es importante que sea de primera mano!), pero eso no es suficiente. Construir una relación requiere comunión. Requiere caminar juntos. Así que, si eres parte de un *fandom*, vale la pena recordártelo:

no importa cuántos datos curiosos y cuánta información hayas memorizado, tu famoso favorito no te conoce y tú tampoco lo conoces realmente.

Eso puede ser decepcionante, pero hay una buena noticia. Aunque es poco probable que lleguemos a construir relaciones profundas con los artistas, autores o predicadores que admiramos desde lejos, Aquel que es digno de la más sublime admiración nos invita a conocerlo íntimamente y nos ha dado todo lo que necesitamos para empezar a hacerlo hoy.

Dios se ha revelado de muchas maneras, principalmente a través de Su Hijo,[1] y en la Biblia tenemos un registro fiel y suficiente de toda esa revelación.[2] Este no es un libro cualquiera: es la Palabra viva del Dios vivo. A través de ella podemos conocer al Señor y ser transformados por Su evangelio.[3] Mientras leemos y meditamos en las palabras que han sido inspiradas por Dios y son iluminadas por el Espíritu Santo que mora en todos los creyentes, nuestros ojos son abiertos a la belleza del Creador. A través de la Escritura podemos conocer a Dios de primera mano y permanecer en Él, mientras guardamos Sus mandamientos. No hay nada como la Biblia.

Desafortunadamente, parece que nos hemos conformado con ser parte del *fandom* de Jesús en Internet en lugar de pasar tiempo en comunión con Él a través de la Escritura. Nos hemos olvidado de que una sola cosa es necesaria; nos perdemos de la parte buena: sentarnos a Sus pies y conocerlo. Meditar en las palabras de la Biblia y atesorarlas en nuestros corazones mientras caminamos en un mundo que está de cabeza. Nos conformamos con los «datos curiosos» y las «teorías» que otros «fanáticos de Jesús» nos

---

1. Heb. 1:1-2.
2. Comp. Juan 5:39.
3. Juan 5:39; Heb. 4:12-13.

ofrecen. Mientras tanto, Escrutopo se deleita, porque, con cada «me gusta» que damos a una frase inspiradora y cada fragmento de sermón que compartimos, sus *apps* nos dan la ilusión de que conocemos a Dios cuando, en realidad, simplemente es de oídas que hemos oído de Él.

***

La comida chatarra no es nutritiva, pero es fácil de conseguir. Cuando mi familia no está en casa, tengo la mala costumbre de aplacar mi hambre con una bolsa de papas fritas con picante y algo de café. Como en ese momento no tengo que esforzarme por alimentar a los míos con una buena ensalada con aguacate, pollo y algo de pasta, me conformo con fingir que me estoy alimentando bien con lo primero que encuentre en la alacena.

Ese hábito no es bueno, por supuesto. Nadie pensaría que en esos días de pereza estoy nutriendo mi cuerpo. Y si las papas fritas y el café fueran mi fuente de energía a lo largo del día, todos los días, nadie se sorprendería de que, tras hacer varios análisis, un médico descubriera que estoy terriblemente malnutrida. Sería lógico esperar mis quejas de falta de energía, dolor de estómago, incapacidad para concentrarme y mal humor. «Si comes así, ¿qué otra cosa estabas esperando?», me reprocharías con toda razón.

Es curioso, sin embargo, que tengamos una perspectiva completamente distinta de nuestra dieta mental. Nos alimentamos del equivalente intelectual a las papas fritas y el café a lo largo del día, todos los días, y luego quedamos perplejos de sufrir de falta de energía, dolor de cabeza, incapacidad para concentrarnos y mal humor. Pero si alguien nos dice: «Si comes así, ¿qué otra cosa estabas esperando?», nos apresuramos a atribuir el malestar a cualquier otra cosa. En el mejor de los casos, reconocemos que nuestros hábitos de consumo de ideas quizás no son los mejores, pero que no es para tanto. Solo hay que encontrar el equilibrio. Sí, ese dichoso equilibrio del cual todos predican y que muy pocos alcanzan por más de unas cuantas semanas.

Pero es hora de ser sinceros: nuestro ser interior está muriendo de inanición. Un vistazo a lo que consumimos día tras día (con qué llenamos nuestra mente) y los medios a través de los que consumimos (cómo llenamos nuestra mente) nos ayudará a comprender por qué estamos languideciendo a pesar de atiborrarnos de datos.

Para que algo te nutra, debe (1) tener sustancia y (2) ser digerible. Un alimento nutritivo poseerá sustancia al contar con los macro y micronutrientes (glúcidos, proteínas, lípidos, vitaminas y minerales) que se requieren para el buen funcionamiento de nuestro organismo. Un alimento nutritivo será digerible en la medida que pueda ser integrado a nuestro organismo en lugar de meramente transitar por nuestro aparato gastrointestinal. Si quieres beneficiarte de todos los ácidos grasos contenidos en algunas semillas, por ejemplo, deberás molerlas bien inmediatamente antes de consumirlas. De lo contrario, por más *fit* que te sientas, solo estarás (una disculpa de antemano) decorando tu excremento.

Ya es suficientemente lamentable que la vida se nos escurra entre los dedos gracias a las estrategias de condicionamiento que nos atraen una y otra vez a las *apps* de Escrutopo: notificaciones, colores vivos, «*gamificación*» (ludificación), «me gusta», reproducción automática del siguiente video, *scroll* infinito, recompensas por alcanzar ciertos hitos, *clickbait*, etcétera. Sin embargo, es aún más trágico que estos trucos nos atraen a lo que, por lo general, es insustancial e indigerible, alejándonos de lo que nuestra alma más necesita para ser nutrida: la Palabra de Dios.

No necesito convencer a nadie de que la gran mayoría del contenido con el que interactuamos en las *apps* de Escrutopo es insustancial. Quizás no es inmoral (aunque eso también abunda); pero tampoco diríamos que es enriquecedor. Los adjetivos más adecuados probablemente sean «entretenido», «gracioso», «curioso», «inspirador» o «ameno». Son cosas que te sorprenden o te hacen reír por diez segundos, pero en los siguientes diez se evaporan de tu mente. No suelen ser lo que la Biblia nos llama a atender: «Por lo demás, hermanos, todo lo que es verdadero, todo lo digno, todo lo justo, todo lo puro, todo lo amable, todo lo honorable, si hay alguna virtud o algo que merece elogio, en esto mediten».[4] ¿Las *apps* de Escrutopo favorecen lo verdadero o lo inmediato? ¿Lo digno o lo fácil? ¿Lo justo o lo que quiero escuchar? ¿Lo puro o lo atractivo? ¿Lo amable o lo entretenido? ¿Lo honorable o lo viral? Si hemos estado ahí por más de media hora, sabemos la respuesta.

Más preocupante todavía, las *apps* de Escrutopo nos llevan a pensar que algo es sustancial cuando no lo es. Los seres humanos tomamos «atajos» para decidir a quién atendemos y de quién aprendemos. Sin pensarlo demasiado, elegimos a quiénes seguimos según su habilidad (¿qué tan bueno es?), su prestigio (¿qué tan buena fama tiene?) y su semejanza con nosotros (¿qué tanto me identifico con él o ella?). También tomamos en cuenta de quiénes aprenden otros miembros de nuestra comunidad (lo que se conoce como «conformidad»). Estos sesgos cognitivos nos acompañan sin darnos cuenta y en general pueden ser muy útiles. Es bueno aprender de gente hábil, que ha demostrado su capacidad y por tanto ha alcanzado un prestigio merecido. También es bueno aprender de aquellos que se parecen a nosotros, porque pueden comprender nuestras luchas particulares y ayudarnos a superarlas. Finalmente, seguir a un grupo (suponiendo que sea un buen grupo) es un buen atajo para cuando no hay mucho tiempo o energía para decidir a quién seguir. Vamos detrás de nuestros amigos,

---

4. Fil. 4:8-9.

confiando en quienes ellos confían. Es fácil ver cómo en Internet todo esto se complica. Las buenas herramientas de edición pueden hacerle creer al mundo que cualquier novato es hábil en prácticamente cualquier tarea y que cualquier famoso «es igualito a sus seguidores». Conseguir prestigio y hacer que todos se conformen es más fácil que nunca: solo necesitas adquirir una buena cantidad de seguidores y muchos pensarán que lo que tienes que decir es digno de ser escuchado.

Pero imaginemos que tienes mucho cuidado con el contenido que consumes en las *apps* de Escrutopo. Digamos que, en su gran mayoría, está firmemente basado en la Escritura o en las verdades que, por gracia común, Dios revela a través del buen razonamiento y la exploración de la creación. Fantástico. Supongamos también que eres sumamente cuidadoso con las personas a quienes sigues: todos son individuos u organizaciones con conocimiento y experiencia demostrados. Son personas justas y amables. No todos piensan exactamente igual que tú acerca de todos los asuntos de la vida y la piedad (¡porque sabes que puedes aprender de gente muy distinta a ti!), sino que todos, de la mejor manera que pueden, están persiguiendo la verdad y la justicia. Excelente, ¿cierto?

No tanto. Verás, la segunda característica de la mayoría del contenido con el que interactuamos en las *apps* de Escrutopo es que este contenido es indigerible. Esta idea probablemente será controvertida. Después de todo, cada año hay nuevas plataformas que, se nos dice, ofrecen contenido «digerible». En ellas encontramos textos de menos de cien palabras, videos de treinta segundos o infográficos que puedan entenderse con solo un vistazo. Incontables comunicadores y marqueteros nos han enseñado que, en este mundo que se mueve a mil por hora, las personas quieren recibir la información rápidamente. No debería ofenderme que en YouTube alguien comente mis videos con algo como

«Empieza desde el minuto 2:07. De nada». *¿Para qué saludas o das una introducción? Ve directo al grano. ¿Puedes convertir este artículo de 1500 palabras en un carrusel de 10 imágenes? ¿Y si haces más videos de treinta segundos?*

Pero, para digerir las ideas, como la comida, no basta con ingerirlas: hay que procesarlas. Seguramente te enfrentaste a esta realidad si alguna vez estudiaste para un examen escuchando la grabación de tus lecciones una y otra vez. En principio, suena bien. Eficiente. Puedo aprender sobre los reyes de Israel mientras doblo la ropa o voy en el autobús. La mala noticia (y la razón por la que tuve que repetir mi clase de Antiguo Testamento en el Instituto Bíblico) es que no funciona. Para aprender, hay que estudiar activamente. No basta con leer y releer, con escuchar y reescuchar. Necesitas hacer preguntas y reflexionar en los conceptos. Hacer exámenes de práctica. Necesitas explicar con tus propias palabras sin ver el material. Necesitas conectar los conocimientos adquiridos con conocimientos que ya poseías. Necesitas poner en práctica la teoría. Así es como se digieren las ideas y se integran a los conceptos que ya posees acerca de cómo funciona el mundo que te rodea.

Las *apps* de Escrutopo no promueven la digestión, sino el consumo. Por eso, aunque hemos invertido cientos de horas siguiendo un montón de cuentas sobre un montón de temas útiles e interesantes, nos encontramos con que pasan los años sin ver cambios significativos en nuestras vidas. Sí, puede ser que tu teléfono y tu computadora estén llenos de pódcasts, videos, artículos, imágenes y cursos con ideas verdaderas, honestas, justas, puras, amables... ¿pero qué pasa si las plataformas en las que recibes esta información no te permiten detenerte a reflexionar, comprender y aplicar? Su diseño te invita a darle «me gusta» y pasar a lo siguiente. Quizás la guardes para revisarla con más detenimiento después, pero cuando menos lo esperas, tienes

437 elementos almacenados, lo cual te resulta abrumador. Lo dejas para después. Por hoy, sigamos consumiendo.

Por supuesto, aunque escuchar una y otra vez tus lecciones no sea la manera más efectiva de estudiar, eso no significa que no vas a recordar absolutamente nada de lo que enseñó el profesor. Los humanos podemos «aprender» incluso sin procesar la información conscientemente (si no, no se invertirían incalculables sumas de dinero para asociar cierta marca de refresco o hamburguesas con la familia o la alegría). Pero ese tipo de aprendizaje no es el que buscamos para crecer en nuestro entendimiento y nuestro carácter. Queremos aprender a pensar diferente y a actuar diferente, no solo a reaccionar diferente. Vivir en las *apps* de Escrutopo para tener contacto superficial con un montón de información es invertir una enorme cantidad de recursos (tiempo, energía, atención) en prácticas que rendirán muy poco fruto. Nos ahogamos en un torrente de datos, sentimos que avanzamos, que crecemos, pero en realidad estamos en el mismo lugar de siempre.

Escrutopo y sus secuaces han hecho un excelente trabajo al mantenernos hipnotizados en las pantallas. Ni siquiera es necesario que utilicen contenido desagradable (aunque lo hacen); también utilizan un montón de cosas buenas que nos hacen perdernos de cosas mejores. Escuchamos a otros hablar de Dios en lugar de ir a conocer a Dios por nosotros mismos a través de la Biblia. Los días pasan y miles no se han dado cuenta de que su destino eterno es la condenación, incluso han escuchado la predicación del evangelio y creen que lo han abrazado; sin embargo, pasan los días compartiendo compulsivamente cualquier cosa que los lleve a decir «amén», sin detenerse en las Escrituras mismas para permitir que la Palabra discierna «los pensamientos y las intenciones [de su propio] corazón».[5] A otros

---

5. Heb. 4:12.

tantos la distracción de consumir y compartir información los lleva a olvidarse de la comunión con Dios: usan la Biblia como cualquier libro de autor humano, en lugar de atesorarla como las palabras inspiradas por Aquel que los ama tanto que envió a Su único Hijo para que pudieran conocerlo personalmente.

***

Las apps *de Escrutopo nos convierten en perros de Pavlov, salivando sin satisfacernos en Dios a través de la Palabra de Dios.* Hacen que nos conformemos con recibir información acerca de Jesús en lugar de conocer a Jesús por nosotros mismos. Hacen que nos maravillemos de lo que otros pueden comprender y expresar a través de la pantalla. Comentamos «amén», ponemos «me gusta» y compartimos a través de nuestros grupos de mensajería instantánea, conformándonos con el alimento que otros han masticado para nosotros.

Cuando nos atrevemos a explorar las páginas de la Biblia por nosotros mismos, nos damos cuenta de que observar, interpretar y aplicar la Escritura no es tan fácil como ver un video de dos minutos. No sabemos por dónde empezar. Leemos unos cuantos versículos, pero pronto nos atacan las dudas: ¿qué significa esa palabra? ¿Esto de acá es una metáfora o algo literal? ¡Aquella frase parece contradecir este otro pasaje! Todo resulta demasiado complicado. Mejor nos rendimos y volvemos al rectángulo brillante de nuestro bolsillo, donde podemos obtener tantísima información sin el más mínimo esfuerzo. Donde podemos saber un montón acerca de Dios (o de «dios») sin realmente conocer a Dios. Sin darnos cuenta, reforzamos la idea perversa que Escrutopo ha sembrado en nuestra mente: «Tú no puedes entender. No eres como ese predicador o esa *influencer* que tanto admiras. ¿Para qué lo sigues intentando?».

Nos olvidamos de que Dios nos ha hecho Sus hijos, ¡no necesitamos otro intermediario sino Jesús entre Él y nosotros!, y de que el Señor nos ha dejado la Biblia para que nos deleitemos en ella, no para que vayamos a sus páginas «para cumplir», como si alguien nos fuera a poner un examen. Se nos escapa que es natural que adentrarnos por primera vez en la literatura bíblica (escrita hace miles de años en culturas sumamente distintas a las nuestras) sea un reto para nuestro intelecto tan acostumbrado a los mensajes de texto y a memes de a montón. Ignoramos que el Señor nos ha dado todo lo que necesitamos para conocer Su verdad y entenderla cada vez más: tenemos la Biblia, tenemos la oración, la promesa de sabiduría, el Espíritu Santo, la iglesia local y, no menos importante, un cerebro que Dios desea que utilicemos para Su gloria, no para meramente bombardearlo con un montón de información que, por más útil que sea, ni siquiera somos capaces de digerir. Al final de todo, como no hemos ido a la Palabra de Dios para conocer a Dios, somos incapaces de verdaderamente examinarlo todo y retener lo bueno; no podemos ser como los de Berea porque, lejos de escudriñar las Escrituras cada día para alimentar nuestras almas hambrientas, vivimos solamente de lo que otros han masticado para nosotros.

Pero las *apps* de Escrutopo no solo nos distraen del privilegio de tener comunión con Dios a través de la Escritura; también nos han formado para que sea más difícil profundizar cuando finalmente determinamos ir a ella. Las *apps* de Escrutopo hacen que saltemos de una cosa a otra sin cansancio (siempre dentro de la misma plataforma, por supuesto, pues no quieren perder ni un momento de tu atención). Después de años de entrenar nuestra mente para brincar cada diez segundos a algo distinto, consumiendo de manera pasiva un montón de información, ¿por qué nos sorprende que nos resulte tan difícil sumergirnos de lleno en la Biblia?

En su libro *Foundations for Lifelong Learning* [Fundamentos para una vida de aprendizaje], John Piper presenta seis hábitos de mente y corazón en los que debemos crecer para aprender para la gloria de Dios: «Observar el mundo y la Palabra con precisión y minuciosidad; entender claramente lo que hemos observado; evaluar justamente lo que hemos comprendido, discerniendo lo verdadero y valioso; sentir con la intensidad adecuada el valor o futilidad de lo que hemos evaluado; aplicar sabia y útilmente en la vida lo que entendemos y sentimos; expresar a través del habla, la escritura y las acciones, lo observado, comprendido, evaluado, sentido y aplicado de manera que su precisión, claridad, verdad, valor y utilidad puedan ser conocidos, disfrutados y aplicados por otros para la gloria de Cristo».[6] Cada uno de estos hábitos de mente y corazón requiere esfuerzo sostenido; no podemos observar, entender, evaluar, sentir, aplicar y expresar si nos pasamos las horas brincando de un video a una imagen, de un texto a otro video, una y otra y otra vez. Requiere paciencia; requiere colocar la mirada en un solo pasaje por un tiempo prolongado, luchando con él hasta que comprendamos su significado.

Las *apps* de Escrutopo nos han entrenado para mirar solo unos instantes, pasando a lo siguiente casi sin darnos cuenta de lo que hemos visto antes. Sentimos que sabemos, pero nuestro entendimiento se evapora casi tan rápidamente como llegó. El constante flujo de información nos hace sentir eficientes. Estamos tan acostumbrados a siempre recibir nuevos datos que no es raro que terminemos viendo un video educativo en una *app* de Escrutopo mientras revisamos notificaciones en otra *app* de Escrutopo en un dispositivo diferente. Por supuesto, no estamos siendo eficientes y no estamos aprendiendo. Como escribe la neurocientífica Susan Greenfield: «Aunque la

---

6. John Piper, *Foundations for Lifelong Learning: Education in Serious Joy* (Wheaton, IL: Crossway, 2023), p. 13.

capacidad de estar comprometido en varias cosas a la vez suena maravillosa para mantenerse al ritmo de la vida del siglo XXI, el precio pagado podría ser alto. La evidencia está aumentando en cuanto a los efectos negativos de intentar procesar simultáneamente diferentes flujos de información, y los resultados indican ahora que la multitarea lleva a un aumento en el tiempo necesario para alcanzar el mismo nivel de aprendizaje, así como a un aumento en errores al procesar información, en comparación con aquellos que procesan la misma información de manera secuencial o serial».[7]

La multitarea no funciona porque no fuiste creado para estar en más de un lugar a la vez, tanto física como mentalmente. Las *apps* de Escrutopo, sin embargo, te hacen creer que puedes colocar tu atención en varios lugares a la vez o saltar rápidamente de un dato a otro y ser capaz de adorar a Dios con tu mente mientras lo haces. Pero en el hipnotismo de las *apps* de Escrutopo, no estás usando tu mente como deberías. No estás observando, entendiendo, evaluando, sintiendo, aplicando ni expresando. Simplemente, estás dejándote llevar. Los hábitos de pensamiento que estás cultivando dentro de estas aplicaciones son muy distintos a los que necesitamos para ser buenos estudiantes de la Palabra de Dios y del mundo de Dios. Con cada deslizar y presionar estás formando tu mente para el consumo superficial, en lugar de para la reflexión profunda.

Además, las *apps* de Escrutopo ocasionan que pasemos la mayor parte del tiempo buceando en un océano insustancial para de vez en cuando encontrar una perla valiosa. Aunque es claro que en estas plataformas encontramos muchísimos videos, imágenes, audios y textos fantásticos, debemos admitir que la proporción tesoro-basura en las *apps* de Escrutopo es desalentadora. Mientras que «toda

---

7. Susan Greenfield, *Mind Change* (Nueva York, NY: Random House, 2015), p. 219.

la Escritura es inspirada por Dios, y útil»,[8] nada de lo que encontramos en las *apps* de Escrutopo es inspirado por Dios y poco es verdaderamente útil. En estas aplicaciones abunda la mentira y la vanidad, pero incluso cuando la información es buena, las *apps* (diseñadas para el consumo compulsivo en lugar de la verdadera digestión) nos arrastran a saturarnos en lugar de reflexionar en lo que hemos escuchado y ponerlo por obra. No es raro descubrir que lo que nos pudo haber sido útil recibir en persona nos termina perjudicando a través de las *apps* de Escrutopo. No creo ser la única persona que ha pasado horas «aprendiendo» cómo leer y tomar notas (aunque a partir del tercer video todos empiezan a decir las mismas cosas), en lugar de apagar mi dispositivo, sacar mis libros y empezar a leer y tomar notas. Con todo, lo más importante es recordar que, incluso si encontramos gemas hermosas en las *apps* de Escrutopo o si nos dedicamos a refinar con diligencia nuestros *feeds* para solo ver contenido hermoso y verdadero, nada de lo que podamos encontrar en ellas se compara con las palabras que el Señor ya nos ha dejado. Pasar horas en las *apps* de Escrutopo mientras nuestra Biblia se encuentra empolvada en un rincón es como intentar enriquecernos extrayendo oro de un río con una batea mientras ignoramos ese cofre de tesoro rebosante de monedas y gemas que nos ha sido regalado y se encuentra a nuestro alcance ahora mismo.

Finalmente, las *apps* de Escrutopo nos alimentan a través de un algoritmo diseñado para darnos lo que deseamos, incluso si esos deseos no son puros y buenos. Nos ofrecerán lo que nos mantendrá en la pantalla, sea lo que sea. La Escritura, por otro lado, no siempre nos dirá lo que queremos escuchar, pero siempre será lo que necesitamos escuchar.

---

8. 2 Tim. 3:16.

La información es necesaria. Saber la verdad es importante. Es fantástico tener disponible datos valiosos acerca de Dios y del mundo que Él creó. Pero no debemos engañarnos a nosotros mismos: la prioridad de las *apps* de Escrutopo no es la verdad, sino mantenernos atrapados. Es crucial ser sabios respecto a qué información consumimos y cómo la consumimos. Aún más, es crucial recordar que, aunque la información es necesaria, no es suficiente. No vamos a la Escritura para aprender un montón de trivia bíblica, sino para encontrarnos con el Dios vivo. Que Escrutopo no nos distraiga de este incomparable privilegio.

VI

La oración

Lo mejor, cuando es posible, es alejar totalmente al paciente de la intención de rezar en serio.

(Carta IV)

« ¡Felicidades por tu bebé! ¡Gloria a Dios por el milagro de la vida!». Esas probablemente deberían ser mis primeras palabras después de que alguna de mis amigas ha dado a luz. Lo que suelo decirle, sin embargo, es algo muy diferente: «Deja de seguir a todas las *mami-influencers* en Instagram». Verás, no hay nada más desalentador para una madre primeriza (una mujer con permanente aroma a leche agria intentando encontrar estabilidad en medio de un carrusel de pañales embarrados y noches sin sueño) que ser bombardeada constantemente con imágenes y videos de mujeres hermosas en sus pijamas de seda (bellísimas incluso cuando suben una foto «auténtica», sin maquillaje y con ojeras *aesthetic*).* Nadie necesita guardar 742 actividades de estimulación temprana y conocer 86 estrategias para lograr (gentilmente) que tus hijos duerman toda la noche. Nadie necesita escuchar las opiniones de decenas de «expertas» respecto a cómo tu hijo se arruinará por siempre si no sigues exactamente ese régimen alimenticio. «Deja de seguirlas», repito, mientras les recomiendo dos o tres libros con información más que suficiente para los próximos años. «No necesitas *influencers* para guiarte en el día a día. Consigue

---

* N del T. El significado inicial de esta palabra es estética; pero hoy se usa para etiquetar una tendencia o moda de fenómenos visuales que producen placer a la vista en lo que tiene que ver como estilo de vida.

un buen pediatra, recluta algunas amigas de confianza (¡aquí estoy yo!) y a un par de señoras que ya hayan enviado a sus hijos fuera del nido. También ora mucho. No necesitas más».

Pero es difícil creer que no necesitamos más. Las *apps* de Escrutopo nos han entrenado para convencernos de que, en ellas —y solo en ellas—, encontraremos la solución para ese bebé que no deja de llorar, para sacar una excelente calificación en los ocho proyectos de la universidad que no hemos empezado o para llenar una cuenta de banco que lleva años en números negativos. Pero, claro, esa «ayuda» viene con el costo de atraparnos. Incluso cuando hemos encontrado información útil, seguimos mirando, porque tal vez alguien tiene un consejo diferente o lo explica mejor. Encontramos ayuda, pero nunca es suficiente. Nunca descansamos; ellos siguen publicando y nosotros seguimos mirando.

Por un lado, los algoritmos de las *apps* de Escrutopo demandan que los creadores publiquen imágenes, videos, audios y textos cada día para seguir siendo «relevantes». Si no publicas constantemente, desapareces; si tienes un mensaje importante que compartir, ¿cómo podrías darte el lujo de desaparecer? Por otro lado, la información inagotable ocasiona que los consumidores sientan que deben regresar una y otra vez a las *apps* de Escrutopo para no perderse la valiosa «sabiduría» que sus *influencers* favoritos están ofreciendo y que podría cambiarles la vida para siempre. Vivir en esta rueda de hámster día tras día durante años ha moldeado nuestras mentes: nos hemos convertido en personas que corren a una aplicación cada vez que tienen una pregunta o un problema. Cuando necesitamos ayuda, ya no miramos a aquellos que están a nuestro alrededor y poseen conocimiento y experiencia; ya no volteamos a ver a los que nos aman y se han mostrado dignos de nuestra confianza. Lo más triste de todo es que ya no nos volvemos al Señor.

Las *apps* de Escrutopo nos han hecho olvidar que, muchas veces, lo que necesitamos no es otro video, otra imagen, otro texto; lo que necesitamos no es más información. Lo que verdaderamente necesitamos es ponernos de rodillas. Lo que verdaderamente necesitamos es reconocer que todo el conocimiento del mundo no puede transformar nuestros corazones. Lo que necesitamos es clamar por el poder de Dios en nuestras vidas. Lo que necesitamos es orar.

Irónicamente, reconocer nuestra debilidad es nuestra mayor fortaleza. Timothy Keller escribió que «mediante la oración sentimos [la presencia de Dios] y recibimos Su gozo, Su amor, Su paz y confianza, y de este modo nosotros cambiamos nuestra conducta, actitud y carácter».[1] ¿Qué otra cosa puede ser más maravillosa que esta? El Señor del universo se acerca a nosotros con ternura y escucha las súplicas más profundas de nuestro corazón. La oración pone nuestra mirada en el lugar al que pertenecemos; orar nos vuelve a nuestro Padre. Por el Espíritu, somos capaces de experimentar a Dios más cercano que nuestro mismo aliento; en Cristo Jesús, nos sabemos amados por Él para siempre. No es extraño que Escrutopo quiera distraernos de elevar nuestro corazón al Señor en oración, cueste lo que cueste.

***

Vivimos tan distraídos que tendemos a ignorarnos. Todos estamos tristemente acostumbrados a hablar con gente que no nos está prestando atención. Miramos a nuestro compañero de trabajo deslizar con el pulgar video tras video o responder mensajes a toda velocidad mientras intentamos explicar por qué salimos frustrados de una reunión con el jefe. Nuestro interlocutor responde con unos cuantos «*Hummm...*» o «Sí, qué mal». Cuando le preguntas qué piensa que deberías hacer, levanta la mirada un poco confundido y pregunta: «¿Sobre qué? Perdón, no escuché».

---

1. Timothy Keller, *La oración: Experimentando asombro e intimidad con Dios* (Nashville, TN: B&H Español, 2016), p. 89.

No es extraño que nos moleste ser ignorados. Lo extraño es que sepamos lo mucho que duele y que hagamos exactamente lo mismo con otras personas. Todos hemos tenido el teléfono en mano durante una conversación. No es que no nos importe el amigo que tenemos delante. Es que, a veces, las conversaciones son difíciles o se ponen un poco aburridas, y las *apps* de Escrutopo nos han enseñado que no tenemos que sufrir ningún tipo de incomodidad: solo debemos deslizar hacia arriba. No es que lo que hay en el teléfono no pueda esperar; es que hemos sido condicionados para responder a cualquier vibración (incluyendo las vibraciones imaginarias), sonido o círculo rojo en la pantalla. Prácticamente no nos damos cuenta; antes de decidir, ya hemos desbloqueado el teléfono y revisado la mitad de las notificaciones. Nos apena un poco que nuestros hijos o amigos estén ahí, esperando frente a nosotros, pero prometemos que «solo será un segundo» y que «no volverá a suceder». Pero sucede, una y otra vez. Pasan los años y se vuelve difícil recordar cuándo fue la última vez que hablamos con alguien por más de diez minutos sin interrupción. Incluyendo a Dios.

Cuando inicié mi caminar cristiano, leer la Biblia resultó ser algo relativamente natural para mí. Me costaba entender, pero al menos había desarrollado el hábito de la lectura desde pequeña. Orar, por otro lado, me resultaba sumamente incómodo. Como soy introvertida, paso mucho tiempo en mi cabeza; los diálogos interpersonales no son mi fuerte. Agradezco al Señor cada día por los amigos extrovertidos que me retan a salir de mi encierro mental, haciendo buenas preguntas y llenando de energía la conversación, animándome mientras yo lucho por ofrecer respuestas que no sean monosilábicas. Cuando oramos, sin embargo, nadie responde audiblemente (al menos a mí no me pasa seguido); Dios no te hace preguntas para romper el hielo. Así que, durante esos primeros años en la fe, las cosas se ponían algo incómodas cuando me disponía a orar. Mi conversación con Dios se desmoronaba rápidamente. No sabía qué decir, y cuando por fin me atrevía a hablar, las palabras se agotaban dos minutos después. Me sentía perdida, avergonzada y francamente ridícula.

No me extraña que los discípulos hayan preguntado a Jesús cómo orar. Mientras que, para algunos, la oración puede sentirse tan natural como respirar, para otros, crecer en oración es un proceso largo. Parece algo similar al desarrollo del habla de un niño. El bebé empieza escuchando las palabras de sus padres y repite sonidos torpemente; poco a poco, el pequeño entiende lo que las palabras significan y aprende a utilizarlas en el contexto adecuado. Con el paso de los años, el niño tiene sus propias ideas y opiniones y es capaz de comunicarlas. Todo este proceso es natural, pero eso no significa que no requiera práctica o esfuerzo. Pasa lo mismo con la oración. Leemos la Escritura, recibimos las palabras de nuestro Padre, y las decimos de vuelta a Él, quizás orando un salmo o el Padre Nuestro. Poco a poco, respondemos a las palabras de la Biblia con nuestras propias palabras, elevando con naturalidad oraciones en respuesta a lo que Dios nos revela en la Escritura o a las circunstancias que estamos viviendo. Toma tiempo; requiere práctica. Con frecuencia, requiere luchar contra los impulsos pecaminosos dentro de nosotros o contra las circunstancias adversas que nos distraen. Como Jesús dijo a Sus discípulos, quienes se caían de sueño cuando los invitó a orar con Él: «El espíritu está dispuesto, pero la carne es débil».[2] Desafortunadamente, el sueño no es lo único que nos impide permanecer en oración. Las *apps* de Escrutopo están prestas para darle a la carne lo que quiera, acallando el deseo de nuestro espíritu de clamar a nuestro Padre.

***

---

2. Mat. 26:41.

La vida cristiana es una vida en «modo oración». Por eso es que el apóstol escribió «oren sin cesar».[3] Es importante notar que Pablo no puede estar refiriéndose a estar de rodillas las veinticuatro horas del día, ignorando todo en la vida para pasar cada minuto hablando en voz alta con Dios. Para empezar, este versículo se encuentra entre muchas otras instrucciones que requieren que interactuemos con otras personas además de con el Señor (mira los versículos del 12 al 15). Además, por supuesto, la Biblia nos llama a trabajar, cuidar de los pobres, atender nuestros hogares y compartir el evangelio. Así que orar sin cesar no implica ignorar los mandatos de la Escritura para sentirnos «súper espirituales» porque siempre estamos en «el lugar secreto». No. Orar sin cesar más bien se refiere a tener un corazón que siempre está inclinado hacia el Señor para exaltar Su nombre (que lo considera y anhela en todo tiempo), rogarle por las muchas necesidades del día, dolernos por nuestro pecado y agradecerle en todo. Por supuesto, es preciso tener momentos regulares de quietud en los que nos enfocamos en orar y solamente orar,[4] pero eso no basta. Dios desea que nuestro espíritu siempre esté enfocado en Él, elevando alabanzas, confesiones, acciones de gracias y peticiones en medio de las tareas cotidianas del día.

El problema es que las *apps* de Escrutopo hacen que ya no tengamos espacio «en medio de las tareas cotidianas del día». Como agua en un pedazo de tela empapado, estas plataformas se filtran en cada segundo libre del que disponemos, impregnando de «contenido» nuestros pensamientos. Alinean nuestro corazón no hacia Dios, sino a ellas mismas. Cuando hay un respiro, ya no nos volvemos al Señor para agradecerle por la bendición de tener una familia que cuidar. Mejor vamos a las *apps* de Escrutopo para envidiar las casas perfectas de extraños en Internet.

---

3. 1 Tes. 5:16-18.
4. Mat. 6:6.

Cuando las cosas se ponen difíciles en el trabajo, ya no nos volvemos al Señor para rogarle por sabiduría y fortaleza para perseverar. Mejor vamos a las *apps* de Escrutopo para pasar cuarenta y cinco minutos sin pensar en ese reporte que debemos entregar. Cuando nos encontramos con un atardecer hermoso, ya no nos volvemos al Señor para alabarlo por Su creatividad y majestad. Mejor vamos a las *apps* de Escrutopo para subir una fotografía y recibir muchos «me gusta».

Pero las *apps* de Escrutopo no solo nos hacen ciegos a la gloria del Señor, privándonos de esos breves pero significativos momentos a lo largo del día en los que podemos ser cautivados por el Dios que nos provee, fortalece y deleita. Al cegarnos a la gloria de Dios, las *apps* de Escrutopo también impiden que nos veamos a nosotros mismos como realmente somos. Estas plataformas saturan de información nuestros ojos y oídos, robándonos del silencio y la quietud que necesitamos para examinar nuestros corazones y elevar al Señor lo que hay en lo más profundo de nuestro ser. Enmascaramos de entretenimiento (incluido el «entretenimiento cristiano») nuestro sufrimiento y nuestro pecado; nuestras pasiones y anhelos. Al abandonar la oración por las infinitamente cautivadoras *apps* de Escrutopo, abandonamos el poner la mirada en el Señor y, al mismo tiempo, abandonamos la oportunidad de mirarnos a nosotros mismos como deberíamos hacerlo. Como escribe Keller: «Dios es la única persona a la cual no le puedes ocultar nada. Ante Él, llegarás inevitablemente a verte a ti mismo bajo una nueva y única perspectiva. La oración, por lo tanto, lleva a un conocimiento sobre uno mismo que es imposible lograr de otra manera».[5]

Hay más: las *apps* de Escrutopo también son poderosas para estorbar los tiempos más extensos que disponemos

5. Keller, *La oración*, p. 20.

para la oración privada. Quizás has anotado la hora y el lugar en tu calendario, has eliminado toda distracción y estás listo con una lista de pasajes bíblicos y peticiones de oración. Con todo, tu mente sigue corriendo de un lugar a otro; te preguntas qué estará pasando en ese vasto universo digital que ahora está atrapado en un cajón en la otra habitación. Hay un extraño sentido de urgencia en tu alma por ir a averiguar qué está sucediendo «allá afuera». Entiendes que ir a ver tres hilos de noticias o veintisiete videos de diez segundos acerca del drama que surgió mientras dormías no te hará ningún bien, pero no puedes evitar sentir que, por alguna razón, necesitas saber qué hay de nuevo en Internet. A pesar de estar perfectamente conectado con el Creador del Universo a través del sacrificio de Jesús, te sientes extrañamente desconectado del mundo entero, todo porque no tienes tu pantalla llena de *apps* de Escrutopo a la mano.

Si nuestro corazón se desvía a las pantallas en los pequeños momentos a lo largo del día, ¿qué nos hace pensar que en los momentos largos (incluso si los ponemos en el calendario) nos volveremos a clamar al Señor en oración sin problema alguno? El que es fiel en lo poco es fiel en lo mucho. El mero hecho de que te levantes temprano para conseguir una hora sin interrupciones para tu devocional no cancela las cientos de horas que has invertido en ser entrenado para dejarte llevar por la distracción una y otra vez. Apartar el tiempo es importante, claro. No es en vano que Spurgeon predicó: «Si no tenemos tiempo, debemos hacer tiempo, porque si Dios nos ha dado tiempo para los deberes secundarios, Él debe habernos dado tiempo para los deberes primarios, y acercarnos a Él es un deber primario, y no debemos permitir que nada lo deje a un lado».[6]

---

6. The Spurgeon Library | "Pray Without Ceasing", accedido 20 de noviembre de 2023, https://www.spurgeon.org/resource-library/sermons/pray-without-ceasing/. (Traducción de la autora)

Con todo, si bien hacer de la oración una prioridad en nuestro calendario es necesario, no es suficiente. En todo lo que hacemos debemos cultivar una mente para la oración y no para la distracción. Si nos hemos dejado moldear por las *apps* de Escrutopo, no debería sorprendernos que, aun cuando dejamos el teléfono a un lado e incluso apagamos el Internet, nuestra mente se sienta atraída por la distracción a la que tanto estamos acostumbrados. Su ausencia nos incomoda y no somos capaces de soportar el silencio. Al invadir cada instante «vacío» de nuestras vidas, las *apps* de Escrutopo nos roban la capacidad de perseverar en oración en los pequeños momentos del día. Su influencia, sin embargo, no se queda ahí. Estas plataformas adictivas también nos roban la capacidad de deleitarnos en la oración cuando, en obediencia al Señor, hemos determinado perseverar en ella a toda costa. Tenemos todo lo que necesitamos para orar, pero la oración pierde su dulzura cuando la comparamos con el azúcar procesado que encontramos en las *apps* de Escrutopo.

***

Las apps de Escrutopo nos convierten en perros de Pavlov, salivando sin satisfacernos en Dios a la vez que elevan nuestro corazón a Él en oración. Tú y yo fuimos hechos para que nuestra alma sea cautivada por la revelación del Señor (tanto en su Creación como en la Escritura) y para que eso nos haga desbordar en alabanzas, peticiones y acciones de gracias dirigidas a Él. El mundo fue creado para ser como una ventana: al mirar a través de él con ojos espirituales abiertos por el poder del Espíritu, contemplamos las glorias de nuestro Dios. El cielo nos muestra Su grandeza; el mar nos muestra Su poder. El libro de Jonás nos muestra Su soberanía; el libro de Oseas nos muestra Su amor y paciencia. Al detenernos para contemplar la belleza del Señor, nuestro corazón es movido para cantar (literal y figurativamente) de gozo en Él.

Las *apps* de Escrutopo, sin embargo, son opacas; no nos permiten ver a través de ellas. Estas aplicaciones nos mantienen con la mirada física y mental fija en la pantalla, aun cuando nos presentan cosas verdaderas y asombrosas acerca de Dios y el mundo que Él ha creado. Lejos de apuntar y dirigir nuestros pensamientos al Señor, nos atrapan y mantienen nuestros pensamientos fijos en ellas. Incluso si nuestro corazón es cautivado por la gloria del Señor en algo de lo que hemos visto en nuestro dispositivo, las *apps* están diseñadas para no dejarnos ir y reflexionar en lo que hemos visto y expresar lo que hay en nuestro corazón al Señor. No nos soltarán fácilmente. Las *apps* de Escrutopo saben exactamente qué mostrarte para que te mantengas en ellas, deslizando sin parar, asombrándote sin adorar al que es digno de todo nuestro asombro.

En la Biblia encontramos todo tipo de oraciones: peticiones, confesiones, lamentos, acciones de gracias, intercesiones y más. Las *apps* de Escrutopo, desafortunadamente, nos ofrecen sustitutos baratos para cada una de ellas. En lugar de pedir al Señor por Su provisión, rogándole que nos conceda contentamiento y fe en que Él nos da justo lo que necesitamos cada día, las *apps* de Escrutopo nos invitan a ver la abundancia que otros tienen y a soñar con cómo podrían lucir nuestras vidas sin tan solo tuviéramos más dinero. En lugar de examinar nuestros corazones y confesar nuestro pecado, las *apps* de Escrutopo nos invitan a enmascarar lo que somos, ofreciendo al mundo una versión editada de nuestras vidas. En lugar de llorar delante del Señor por el sufrimiento que ha inundado nuestras vidas, entumimos nuestro dolor con el prácticamente infinito entretenimiento que las *apps* de Escrutopo nos ofrecen. En lugar de rebosar en agradecimiento al Señor por lo bueno que hemos recibido, corremos a tomarle foto para las *apps* de Escrutopo… ¡Si no lo publicamos, es casi como si no hubiera pasado! En lugar de interceder por la justicia y la paz en un mundo quebrantado por el pecado, nos conformamos con comentar una publicación con unas manitas en oración y pasar a lo siguiente.

Por otro lado, las *apps* de Escrutopo nos han entrenado a preguntar cualquier cosa y recibir una respuesta inmediata. Hay cientos de videos, artículos e imágenes para atender cada una de nuestras inquietudes; nos ofendemos si enviamos un mensaje y no tenemos respuesta en menos de cinco minutos. En contraste, David cantó: «Espera al Señor; esfuérzate y aliéntese tu corazón. Sí, espera al Señor».[7] Dios no siempre responde cuando queremos y de la manera en que queremos. Elevamos un clamor, hacemos preguntas, pedimos ayuda… y nada. Bueno, nada que nosotros podamos percibir. Sabemos por la Escritura que Dios nos escucha y está obrando en todo tiempo conforme a Sus propósitos perfectos, los cuales siempre son para el bien de los que le aman… Pero ¿qué pasa cuando no podemos ver Su mano durante meses o incluso años? ¿Le hemos enseñado a nuestra alma a esperar, con la confianza en que el Señor es quien ha dicho ser? ¿Nos esforzamos por permanecer en obediencia al Señor durante la aflicción? ¿O dejamos que nuestra alma se derrumbe y sea arrastrada por cualquier cosa que encontremos en la pantalla? ¿Buscamos aliento en la aparentemente inagotable fuente de entretenimiento digital, siempre dispuesta para lo que deseamos, aunque no sea lo que realmente necesitamos?

En su sermón *Oren sin cesar*, Charles Spurgeon enseña que nuestro clamor a Dios no se limita a los tiempos que hemos apartado para el devocional matutino y a los momentos entre nuestras tareas a lo largo del día. De acuerdo con

---

7. Sal. 27:14.

Spurgeon, podemos, de cierta manera, continuar orando incluso con nuestras acciones. «Que todas tus acciones sean coherentes con tus oraciones y, de hecho, una continuación de tus oraciones», dice. Él pone el ejemplo de su propia predicación: «Esta mañana oré a Dios para despertar a Su pueblo a la oración; muy bien; cuando llegué a esta casa, mi alma continuó expresando: "Oh Señor, despierta a tus hijos a la oración". Ahora, mientras les estoy predicando y apuntando al mismo punto, ¿no estoy orando? ¿No es mi sermón la continuación de mi oración, ya que deseo y apunto a lo mismo? ¿No es continuar orando cuando usamos los mejores medios para obtener lo que pedimos? ¿No ven mi punto? Aquel que ora por sus semejantes y luego busca su bien, sigue orando».[8]

¿Qué oraciones has estado levantando al Señor en las últimas semanas? Puede ser que desees aprovechar al máximo tu tiempo como universitario. Quizás clamaste por la salud de una hermana de la iglesia. Tal vez tu anhelo más grande es que tu relación con tu cónyuge sea restaurada. Podría ser que hayas clamado por provisión económica para tu hogar. Tal vez también oraste por un mayor amor por la Palabra, por un amigo sincero con quien compartir tus luchas o por la salvación del vecino antipático de la cuadra. Sea cual sea tu clamor: ¿son tus acciones coherentes con tus oraciones? ¿Las *apps* de Escrutopo te están impulsando a orar con tus hechos o a que tu vida vaya en la dirección contraria de todo aquello que le pides al Señor?

Ora por tus estudios estudiando con diligencia. Ora por salud atendiendo la necesidad del enfermo. Ora por relaciones restauradas mostrando amor y paciencia como Cristo te ha amado y sido paciente contigo. Ora por provisión

---

8. https://www.spurgeon.org/resource-library/sermons/pray-without-ceasing/ (traducción de la autora).

trabajando duro para llevar pan a la mesa. Ora por amor por la Escritura abriendo tu Biblia cada mañana. Ora por un amigo charlando cara a cara con la gente que Dios ha puesto a tu alrededor. Ora por la salvación de los perdidos yendo a predicar el evangelio que te ha transformado. Ora en tu corazón, con tus palabras y con tus hechos. Ora y no esperes que sea fácil. De esto puedes estar seguro: será una lucha. Las *apps* de Escrutopo pelearán por tu atención; su objetivo es que estés en la pantalla, no que estudies, sirvas, ames, trabajes, leas, converses y prediques. No que ores. No que te vuelvas al Señor. ¿De verdad prefieres darles a ellas tu mirada?

VII
La comunidad

Queremos que la Iglesia sea pequeña no solo para que menos hombres puedan conocer al Enemigo, sino también para que aquellos que lo hagan puedan adquirir la incómoda intensidad y la virtuosidad defensiva de una secta secreta.

(Carta VII)

YouTube es una fuente inagotable de entretenimiento para todos los gustos y disgustos. Es fácil extrañarse de la clase de videos que entretienen a cientos de miles de personas. En la plataforma encontramos, por ejemplo, individuos con millones de seguidores que se dedican a comer (y comer y comer y comer) papas fritas y hamburguesas frente a la cámara. Otros publican contenido menos perjudicial para la salud, pero igual de confuso para los no iniciados: gente susurrando y golpeteando distintos objetos frente a un micrófono, niños desempacando juguetes y mostrándolos a la cámara, y chicas maquillándose mientras cuentan una historia de crimen real.

Todo esto le sonaría muy extraño a un viajero en el tiempo del siglo XX —«Sí, Roberto, hay millones de personas que disfrutan pasar el día viendo cómo alguien juega con *slime*»—, pero la verdad es que no tengo autoridad moral para mirar de reojo a los que disfrutan de estos videos extraños. Yo tengo mi propio gusto culposo en YouTube: he pasado más tiempo del que me gustaría reconocer viendo videos de personas reaccionando a mis películas favoritas. Sí: veo gente ver películas. Películas que ya vi, una y otra vez. No me preguntes cuántas veces he llorado junto a un extraño viendo *Coco* o se me ha acelerado el corazón acompañando a alguien que nunca ha visto antes la saga de *Los juegos del hambre*. Ya perdí la cuenta. Cuando admito esto en voz alta o cuando lo escribo en un libro, me parece algo absurdo. ¿De verdad puedo pasar horas viendo a alguien que no conozco ver una película que ya sé cómo terminará? Resulta que sí; sí puedo.

No me había detenido a pensar en por qué este género de videos en Internet me resulta tan entretenido. Luego escuché a la doctora Anna Lambke, psiquiatra de Stanford, ofrecer una explicación que, para mí, tiene todo el sentido del mundo: «Cuando vemos a alguien mirar un video y tenemos la misma reacción que él, eso produce dopamina».[1] Reír con los que ríen y llorar con los que lloran no es solo un mandato bíblico; es un mandato bíblico para el cual nuestro cerebro está diseñado.

Tú y yo fuimos creados para la conexión; compartir emociones nos conecta. Para los que creemos en un Dios trino en comunión eterna que nos formó a Su imagen resulta totalmente razonable escuchar que ver a alguien riendo conmigo en la pantalla genere dopamina en mi cerebro. Después de todo, la dopamina (que, como vimos antes, es un químico natural en el sistema nervioso central relacionado con la motivación y el placer) es simplemente una de las manifestaciones biológicas de mi necesidad genuina de relacionarme. Aunque no soy consciente de lo que está sucediendo entre mis neuronas, mi cuerpo ha sido sabiamente diseñado para detectar aquellas cosas que lo nutren y «tomar nota» para volver a ellas. Esto, por supuesto, incluye el importantísimo aspecto social de la vida humana. Muy cerca del principio de la narrativa bíblica leemos que

---

1. *How Social Media Crushes Your Dopamine Levels*, 2021, https://www.youtube .com/watch?v=_Fer32K6lFc.

«no es bueno que el hombre esté solo», y que era claro que la compañía de los animales (por más hermosos que estos hayan sido) no era suficiente para satisfacer esa necesidad de conexión y compañerismo.[2]

Así, cuando conecto con una persona, mi cerebro produce dopamina, porque conectar con personas es algo bueno y necesario para mi florecimiento. El problema es que nuestro cerebro puede confundirse o, más bien, conformarse con algo que parece conexión y no lo es. Es más fácil que la verdadera conexión, pero nunca satisface. Y así es como acabo viendo seis horas de reacciones en videos, disparando dopamina en mi cerebro porque veo rostros que ríen y lloran conmigo, sin tener realmente comunión con nadie.

En su libro *The Life We're Looking For* [La vida que estamos buscando], Andy Crouch escribe que lo primero que hace un bebé al nacer es buscar el rostro de otra persona que le devuelva la mirada. Crouch escribe: «Más que todo, somos diseñados para el amor: preparados desde antes de nacer para buscar a otros, neurológicamente conectados para responder con empatía y reconocimiento, más vivos que nunca cuando estamos en relaciones de dependencia mutua y confianza. El amor pide lo mejor de nosotros: despierta nuestros corazones, sacude lo más profundo de nuestras almas, enfoca nuestra mente, despierta nuestros cuerpos a la acción y la pasión. También pide lo que es más humano en nosotros. De todas las criaturas de la tierra, somos las más dependientes, las más relacionales, las más sociales, las más capaces de cuidar. Cuando amamos, somos nosotros mismos de forma más completa y genuina».[3]

---

2. Gén. 2:18-20.
3. Andy Crouch, *The Life We're Looking For: Reclaiming Relationship in a Technological World* (Carol Stream, IL: Convergent Books, 2022), p. 35.

Esa es la clase de conexión para la que fuimos hechos. Esa es la conexión que mi ser entero (cerebro incluido) anhela profundamente. Esa es la clase de conexión que jamás seré capaz de encontrar en una pantalla.

**

De vuelta a la iglesia local. Tenía dieciséis años cuando regresé a la congregación donde crecí. Volví sin mis padres y sin mis hermanas, quienes por diversas razones decidieron continuar su caminar espiritual lejos de la iglesia cristiana. Yo, por otro lado, fui atraída de manera inexplicable a visitar el lugar donde memoricé versículos y canté alabanzas durante toda mi niñez. Un día de verano, en uno de esos tantos campamentos para adolescentes en los que uno espera que haya más diversión que transformación, las glorias del evangelio cautivaron mi corazón. Mis ojos fueron abiertos a las verdades que ya había escuchado tantas veces. Me vi como una pecadora necesitada de un Salvador; no podía hacer otra cosa que seguir a Jesús. Me dije basta de simplemente «visitar» la congregación que me había visto crecer para entretenerme unas cuantas veces al año. Era hora de regresar de manera comprometida al lugar donde había escuchado el nombre de Cristo predicado tantas veces.

Todo era igual, pero no podía ser más diferente. Seguí memorizando versículos y cantando alabanzas, pero esta vez con un corazón de carne en lugar de uno de piedra. Los miércoles de oración me enseñaron a clamar; los sábados de jóvenes me enseñaron a caminar con pasión para que mi vida contara; los domingos me enseñaron a atesorar la Biblia y ver la belleza de las verdades que antes meramente repetía como un perico. Llegar a la congregación desde mi casa me tomaba unos treinta minutos caminando entre terrenos baldíos, bajo el sol del desierto de Sonora.

Con todo, daba cada paso con alegría, porque iba a mucho más que una reunión: iba a ver a mi familia espiritual.

Recuerdo un día en que, como siempre, había llegado sola al grupo de jóvenes. Saludé a mis amigos y fui a mi lugar en la primera fila. No quería distraerme. La música comenzó y oré, poniendo mi tristeza delante del Señor. No recuerdo qué era lo que pesaba en mi corazón; tal vez ni siquiera lo sabía exactamente. Pero Dios sí sabía y parecía que una chica del grupo también. No era exactamente mi amiga (no hablábamos mucho), pero eso no le impidió acercarse a mí y rodearme con sus brazos antes de que yo pudiera ofrecer resistencia. Sus palabras —que no eran sus palabras en realidad— llegaron hasta lo más profundo de mi corazón y me quebrantaron: «Porque aunque mi padre y mi madre me hayan abandonado, el Señor me recogerá», dijo. Ese fragmento del Salmo 27 me hizo romper en llanto. Mi hermana siguió orando y yo seguí derramando lágrimas. Fue uno de esos momentos que recuerdas para siempre porque Dios los usa para sanar el corazón.

Estoy sumamente agradecida de que las *apps* de Escrutopo no tuvieran el mundo agarrado por el cuello al principio de mi caminar con Cristo. No fue hasta años después de nacer de nuevo que empecé a ver sermones en Facebook y seguir a cristianos influyentes en redes sociales. Por mucho tiempo, la mayor parte de lo que Dios usó para hacerme madurar en la fe se encontraba en esa comunidad modesta e imperfecta de amantes de Jesús con los que convivía semana a semana: mi iglesia local.

Para muchos, desafortunadamente, reunirse con la iglesia local es cada vez más una tarea pesada opcional, en lugar de un privilegio que nos llena de gozo. No pensamos en la iglesia como un cuerpo con muchos miembros, cada uno con su función para edificarse unos a otros y juntos ser más como Jesús. Más bien, entendemos la iglesia como un lugar en el que otros me reciben y atienden para sentirme inspirado el domingo por la mañana... y la verdad ¿para qué? ¿Qué iglesia podría hacerme sentir mejor que quedarme en pijama en mi casa, con todas sus comodidades, sin tener que salir a ningún lado después de una agotadora semana de trabajo? En lugar de pensar en la iglesia como un lugar en donde la Palabra es expuesta con autoridad y precisión a vidas específicas en un contexto específico —donde el pastor conoce a Sus ovejas y es conocido por ellas—, la vemos como una clase interesante donde podemos aprender algo nuevo acerca de la Biblia... y la verdad ¿para qué? El predicador local no es tan bueno como las decenas de predicadores con treinta años de experiencia y grados académicos impresionantes que encuentro en YouTube (y a ellos puedo verlos al doble de velocidad).

Dios pudo haberme quebrantado no en una reunión de la iglesia local, sino en la privacidad de mi casa. Pude haber estado en mi habitación, con los audífonos puestos, eligiendo mis alabanzas favoritas (directamente o a través de un algoritmo diseñado para satisfacer mis deseos) en lugar de escuchar el sencillo arreglo musical del guitarrista aficionado del grupo de jóvenes. Pude haber llorado sola. Después de todo, no habría estado sola en realidad, porque la presencia del Señor llena la tierra y no hay un velo que nos separe ahora que estamos en Cristo Jesús. Pero eso no era lo que Dios quería. Él quería hacerme sentir Su presencia no solo en mi corazón, sino también en mi cuerpo, al ser rodeada por los brazos de una hermana que me amó en mi dolor. Él no quiso que escuchara el canto de un vocalista profesional, perfectamente producido para su más reciente álbum, sino los cantos de otros santos que, igual de quebrantados que yo, expresaban con diferentes grados de afinación su confianza en el Dios que salva. Él quería que no solo mirara a otros orar, cantar, postrarse y reír, refugiada detrás de una pantalla, sino que mi vulnerabilidad fuera expuesta delante de mis hermanos mientras orábamos, cantábamos, nos postrábamos y reíamos juntos en alabanza al Señor que nos ama.

***

«Es que no hay iglesias así cerca de mí...». Quizás leer sobre mis primeros años en la iglesia local hace que pienses que mi congregación era la congregación de tus sueños. Sabes, obviamente, que no era un lugar perfecto (porque ninguna iglesia lo es), pero sí te imaginas que todos vivíamos felices partiendo el pan y creciendo en el conocimiento de Dios sin conflictos que duraran más de un par de horas, resueltos con palabras amables y abrazos calurosos. «Jamás podré encontrar un lugar así», piensas. Tal vez has probado y has sido decepcionado una y otra vez. Es posible que hayas sido profundamente lastimado por los que debieron haberte abrazado. Por eso es que, aunque sabes que lo que ofrecen las *apps* de Escrutopo no se compara con la comunión de la iglesia que la Biblia presenta, lo que encuentras en la vida real está muy lejos de parecerse a lo que lees en Hechos 2:44-47. Es mejor comer las migajas que caen de la pantalla que acercarse a la mesa y descubrir demasiado tarde que solo te han servido pan rancio y hasta veneno.

Seré la primera en admitir que Escrutopo no solo tiene *apps*, también tiene «iglesias»: hay muchísimos lugares que se visten de congregaciones cristianas y en realidad son cuevas de lobos. Son lugares donde se usan palabras de la Biblia para poner en alto cualquier cosa (el «pastor», el dinero, la apariencia) excepto el Dios de la Biblia. También hay muchas congregaciones que son verdaderas iglesias, pero iglesias inmaduras. Por lo general, son congregaciones con líderes con muy buenas intenciones y un corazón que desea agradar a Dios, pero con poco conocimiento de la Palabra de verdad y con escasa sabiduría para aplicarla a las diversas situaciones de vida de sus ovejas (mira 2 Tim. 2:15).

Si a todo esto le añadimos la dificultad natural de tener a pecadores con diversos grados de madurez espiritual conviviendo de cerca con otros pecadores con diversos grados de madurez espiritual, no sorprende que muchos de los que lean estas palabras (o posiblemente todos) hayan tenido malas experiencias dentro de la iglesia local. Yo las he tenido también, en todas las congregaciones a las que he pertenecido, incluyendo aquella donde pasé mis primeros años como creyente. Si bien este espacio no está diseñado para ayudarte a determinar si los lugares en los que te has reunido con otros cristianos son «iglesias», iglesias inmaduras o buenas iglesias en las que simplemente has tenido los roces esperados cuando pecadores conviven con otros pecadores, sí puedo decirte algo con bastante seguridad: las *apps* de Escrutopo no te están ayudando a integrarte de lleno a la comunidad que tu corazón anhela y a la que el Señor te llama a pertenecer.[4]

No digo que Internet no puede ayudarte a encontrar información sobre cómo debe ser una comunidad sana. Mucho menos pretendo dar a entender que no puedes usar la tecnología para encontrar una buena iglesia a la cual pertenecer. Sé bien que, por gracia de Dios, muchos se han beneficiado incluso de las *apps* de Escrutopo para salir de «iglesias» horribles y encontrar nuevas comunidades de seguidores de Jesús en las cuales crecer y servir. Pero recuerda: las *apps* de Escrutopo están diseñadas para atraparte. Por más nobles intenciones que tengan los creadores de contenido cristiano, los pastores y los líderes que usan (¿usamos?) estas tecnologías para dar a conocer el mensaje del evangelio e invitar a la gente a sus

---

4. Heb. 10:25.

comunidades locales, las *apps* de Escrutopo continuarán funcionando para cumplir su principal objetivo: mantener a los usuarios pegados a la pantalla el mayor tiempo posible, aprovechando el falso sentido de comunidad cristiana si es necesario.

Así es como terminamos siguiendo a cientos de hermanos en la fe alrededor del mundo (invirtiendo horas en sus fotografías y videos inspiradores, hambrientos por la próxima actualización), mientras ignoramos al hermano que tenemos al lado. Así es como acabamos conformándonos con sintonizar cada domingo los sermones de la Iglesia Súper *Cool* de Instagram, lamentándonos porque en nuestra ciudad «no existe ninguna congregación tan genial», menospreciando la modesta pero vibrante comunidad de seguidores de Jesús que está a veinticinco minutos de nuestra casa. Así es como pasamos los meses soñando con el día en que visitaremos al pastor con medio millón de seguidores al otro lado del continente, llorando porque realmente no hay ni una sola iglesia sana a nuestro alrededor, en lugar de obedecer a Jesús, apagar el teléfono e ir y ser discípulo y hacer discípulos. En lugar de estudiar la Biblia, compartir el evangelio, y orar para que se levanten líderes (¡o para preguntarle al Señor si quiere que tú seas uno de esos líderes!). No. A Escrutopo y sus *apps* no les interesa nada de eso. Él esta contento con que te sientas muy espiritual viendo otro video y compartiendo otra cita bíblica en tus historias en lugar de salir de tu casa para enfrentarte a la fructífera incomodidad de formar o cultivar una comunidad real.

***

¿Estamos jugando a la iglesia o viviendo como iglesia? Las *apps* de Escrutopo solo se aprovechan de la idea que existía en el corazón de muchos antes de que estuviéramos

inundados de dispositivos electrónicos: que la iglesia es meramente para recibir una enseñanza y «recargar baterías» para el resto de la semana. Si después de que se acaba el sermón corro a la puerta para no quedarme atorado en una conversación incómoda (y en la fila de automóviles a la salida), si durante el resto de la semana ni siquiera pasa por mi mente alguno de los miembros de mi congregación y cómo van en su caminar con Jesús, ¿no es mejor simplemente encender la transmisión de la predicación en mi casa? Después de todo, si voy a la iglesia meramente para aprender acerca de Dios, ¿no puedo aprender acerca de Dios mucho más efectivamente desde mi casa, con mi Biblia, mis cuadernos y mis marcadores desparramados en la mesa del comedor, sin que nadie me distraiga? Mejor aún: en las *apps* de Escrutopo tendré a mis maestros favoritos, hablando de mis temas favoritos, en mi formato favorito. Y cuando se acaben mis favoritos, las *apps* de Escrutopo me ofrecerán más «contenido similar» para disfrutar.

Sostener estas ideas, sin embargo, requerirá que Escrutopo te lleve a ignorar gran parte del Nuevo Testamento. La Escritura nos llama a cantar juntos,[5] a participar de la Cena del Señor[6] y a someternos a la disciplina de la iglesia.[7] Además, en las páginas de la Escritura descubrimos que Jesús y los apóstoles utilizan la frase «unos a los otros» casi sesenta veces: «estén en paz los unos con los otros»;[8] «sean afectuosos unos con otros con amor fraternal»;[9] «sírvanse por amor los unos a los otros»;[10] y la favorita de Juan, «que se amen los unos a los otros».[11] Esta

5. Ef. 5:19.
6. 1 Cor. 11:20-34.
7. Mat. 18:15-17.
8. Mar. 9:50.
9. Rom. 12:10.
10. Gál. 5:13.
11. Juan 13:34-35; 15:12, 17; 1 Jn. 3:11, 23; 4:7, 11-12; 2 Jn. 5.

es una gran indicación de que nuestra vida como iglesia requiere de muchísimo más que reunirnos un par de horas a la semana, cantar y escuchar una buena enseñanza (lo cual, por supuesto, también es importante). Ser un miembro de la familia de Dios implica mucho más que saludar a mis hermanos al principio del servicio y compartir una banca el domingo con ellos. Implica compartir la vida con ellos. Solo así experimentaremos verdadera paz y afecto en medio de nuestras muchas faltas; solo así veremos de cerca las necesidades de nuestro prójimo y lo serviremos; solo así amaremos no «de palabra ni de lengua, sino de hecho y en verdad».[12]

Cada vez que abrimos las *apps* de Escrutopo permitimos que se nos transporte a esa cárcel llena de inspiración y buenas enseñanzas —llena de hermanos a quienes acompañamos desde lejos sin conocerlos y sin que nos conozcan—, que frena nuestra vida en comunidad al hacernos creer que estamos viviendo en comunidad. Recibimos un sustituto de la enseñanza, de los cantos y de la disciplina. Pensamos que tenemos comunión porque acompañamos a alguien en su alegría al darle «me gusta» a su fotografía, o que acompañamos a alguien en su dolor porque comentamos con un emoji de manitas de oración. No nos damos cuenta de cómo nuestra habilidad para relacionarnos con otros en la vida real se entorpece al pasar tanto tiempo en la pantalla. Decimos que alguien es nuestro amigo porque dimos un clic en su perfil, pero ni siquiera nos dignamos a invitarlo a comer a nuestra casa, mucho menos dar la vida por él.[13] Reducimos nuestras relaciones a la suma de emojis, reacciones, memes y comentarios que enviamos y recibimos. Medimos nuestra cercanía con alguien por lo rápido que nos contesta un mensaje. Si alguien nos irrita, deslizamos adelante, silenciamos o bloqueamos. Ya no

---

12. 1 Jn. 3:18.
13. Juan 15:13.

sabemos mirarnos a los ojos, soportar silencios incómodos y malentendidos, tener desacuerdos y lidiar con gente que nos reta para crecer.[14]

* * *

Quizás una de las mentiras más grandes de Escrutopo hoy es que sus apps son absolutamente necesarias para el cumplimiento de la Gran Comisión. Entre las últimas palabras de Jesús a Sus seguidores se encuentran las siguientes: «Vayan, pues, y hagan discípulos de todas las naciones».[15] Hoy, muchos piensan que están obedeciendo este mandamiento al menos en parte al utilizar el increíble poder de captura y alcance de las *apps* de Escrutopo para hablar al mundo acerca de Jesús y Su evangelio.

Por supuesto, Dios ha usado las *apps* de Escrutopo para esparcir por el mundo las verdades de la Biblia; entre ellas, sobre la obra y las enseñanzas de Jesús. Pero ¿significa esto que necesitamos las *apps* de Escrutopo (aplicaciones diseñadas para el uso compulsivo y la manipulación) para cumplir con nuestra misión en este tiempo? Si el Señor, en Su misericordia y soberanía, usa incluso lo más torcido de la humanidad para hacer un bien mayor y cumplir Sus propósitos perfectos, ¿eso quiere decir que es lícito promover lo que sabemos que está torcido? José dijo a sus hermanos, quienes lo vendieron como esclavo: «Ustedes pensaron hacerme mal, pero Dios lo cambió en bien para que sucediera como vemos hoy, y se preservara la vida de mucha gente».[16] Sería muy extraño argumentar que este pasaje justifica envidiar a tu hermano, arrojarlo en un pozo y venderlo en el mercado, por más que sea para tener la oportunidad de hablarles de Dios a las

---

14. Prov. 27:17.
15. Mat. 28:19.
16. Gén. 50:20.

personas que lo compren. Pero eso es justamente lo que estamos haciendo con las *apps* de Escrutopo: sabemos que capturan nuestra atención al grado de hacernos revisarlas de manera compulsiva (no simplemente por nuestra propia debilidad moral, sino por diseño), atrapando cada momento y espacio mental libre por pura avaricia, ¿y justificamos su uso porque hemos visto cómo Dios puede usarlas para bien?

Me recuerda la historia de un pastor que predicaba en un vecindario plagado de adicción e inmoralidad sexual. En cierta ocasión, un hombre de aquel barrio le pidió al pastor que le obsequiara su Biblia. Al hombre no le interesaba seguir a Jesús; le parecía que el papel de la Biblia era perfecto para hacer cigarrillos de marihuana. El pastor lo pensó un momento y le dijo que le regalaría la Biblia con una condición: «Antes de que hagas un nuevo cigarrillo, debes leer la página que vas a usar». El hombre aceptó y, según cuenta el pastor, se convirtió a Cristo después de fumarse no sé cuántos cigarrillos de marihuana. Dios salvó a ese hombre a través de un acto objetivamente perjudicial para su integridad física y mental. ¡Glorificamos a Dios por Su misericordia! Pero ¿significa eso que vamos a promover que los adictos a la marihuana usen las páginas de la Biblia para satisfacer su adicción? ¿Imprimiremos versículos bíblicos en cigarrillos que sabemos que dañan la mente y el cuerpo de las personas con el pretexto de alcanzarlas para Cristo? El fin no justifica los medios. Como escribe la doctora Diane Langberg al reflexionar sobre el pasaje en el que Jesús envía a Sus discípulos a cumplir la Gran Comisión: «En Mateo 28:18-19, Jesús declara "... Toda potestad me es dada en el cielo y en la tierra. Por tanto, id...". Jesús tiene toda potestad. Eso significa que cualquier poquito de poder que usted y yo tengamos es derivado; somos enviados bajo Su potestad. Jesús no nos da potestad a nosotros; Él la retiene y nos envía bajo Su potestad para llevar a cabo Su tarea a Su manera».[17] Debemos hablar el mensaje de Jesús a la manera de Jesús. Es difícil argumentar que utilizar tecnologías diseñadas para el uso compulsivo y la manipulación es hablar el mensaje de Jesús a la manera de Jesús.

Que Escrutopo no nos engañe: el mandato de nuestro Señor es hacer discípulos, no juntar un millón de vistas en un video que hable de Jesús. Si la Gran Comisión se cumpliera a través de contenido «viral», el mundo probablemente luciría muy diferente. Los discípulos de Jesús son estudiantes, seguidores, aprendices. Son quienes toman su cruz y lo siguen cada día. No basta con proclamar verdades al aire esperando que alguien a quien no conozco escuche y cambie. El discipulado requiere que nos esforcemos para ver el cambio que Dios obra en las personas,[18] caminando cerca los unos de los otros, exhortándonos, confrontándonos, enseñándonos unos a otros, mirándonos de cerca en lo bello y lo horrible, sin el velo del mundo digital entre nosotros.

Ninguna tecnología, ni siquiera una que no tiene efectos tan nocivos como las *apps* de Escrutopo, es sustituto para la comunión y el discipulado cara a cara entre los creyentes. Pablo aprovechó una tecnología benigna de su tiempo (las cartas) para derramar su corazón a la iglesia en Tesalónica: «Estábamos muy ansiosos», les escribió, «con profundo deseo de ir a verlos».[19] El apóstol tenía el mismo sentir respecto a los creyentes en Roma: «Porque anhelo verlos para impartirles algún don espiritual, a fin de que sean confirmados; es decir, para que cuando esté entre ustedes nos confortemos mutuamente, cada uno por la fe del otro, tanto la de ustedes como la mía».[20] Pablo no

---

17. Diane Langberg, *Poder redimido: Entendiendo la autoridad y el abuso en la iglesia* (Nashville, TN: B&H Español, 2022), p. 11.
18. Col. 1:28-29.
19. 1 Tes. 2:17.
20. Rom. 1:11-12.

dijo: «¡Ey, tenemos cartas! Aquí puedo escribirles todo lo que necesitan saber. ¿Para qué someterme a los peligros de un viaje larguísimo en una embarcación tan frágil? Me quedaré en casa». Pablo anhelaba ver cara a cara a las personas que había alcanzado con el evangelio y les dejó líderes que pudieran discipularlos en su ausencia. Él sabía bien que la vida en comunidad no puede vivirse a la distancia. ¿Lo sabemos nosotros? Es hora de que dejemos de engañarnos y fingir que todo lo que necesitamos para crecer espiritualmente está en una pantalla.

***

Las apps de Escrutopo nos convierten en perros de Pavlov, salivando sin satisfacernos en Dios a través de la comunión con los creyentes de los que Él nos ha rodeado. Nos hacen conformarnos con una «experiencia de iglesia» en la que recibimos información sin tener comunión. En donde elegimos lo que queremos ver, en lugar de permitir que otros conozcan lo bello y lo feo de nuestras vidas, que tengan la libertad de decirnos lo que no queremos oír, pero que tanto necesitamos escuchar. En donde seguimos a los que nos caen bien y bloqueamos a los que nos caen mal, en lugar de amar y soportar a nuestros prójimos más cercanos. En donde nos sometemos a un algoritmo diseñado para satisfacer nuestros más profundos deseos en lugar de las autoridades espirituales que Dios ha levantado para cuidar de nosotros.

Las *apps* de Escrutopo nos hacen conformarnos con la idea de que «no hay buenos cristianos cerca con los que pueda hacer vida de iglesia», ignorando la familia de la fe que te rodea porque no se parece a tus *influencers* favoritos. Si vivimos en lugares donde no se han levantado iglesias sanas, las *apps* de Escrutopo nos hipnotizan para que sigamos desobedeciendo el mandato de ser discípulo e ir y hacer discípulos; para que no nos equipemos en oración y que así el lugar donde vivimos se mantenga libre de cristianos que proclaman el evangelio de Jesús.

Dios dijo que no es bueno que el hombre esté solo. Es difícil ver cómo una tecnología que nos aísla más y más de la comunión real, ofreciéndonos una copia barata de la misma, puede ser verdaderamente buena. Prefiero quedarme con aquellas tecnologías que me permitirán llamar a una amiga sin caer en un agujero de distracción, invitarla a mi casa y ver juntas Hamilton, mi obra teatral favorita. Será mucho mejor reír y llorar junto a ella que frente a un desconocido del otro lado de la pantalla.

VIII

La alerta

Mientras conserve externamente los hábitos de un cristiano, se le podrá hacer pensar que ha adoptado algunos amigos y diversiones nuevos, pero que su estado espiritual es muy semejante al de seis semanas antes, y, mientras piense eso, no tendremos que luchar con el arrepentimiento explícito por un pecado definido y plenamente reconocido, sino solo con una vaga, aunque incómoda, sensación de que no se ha portado muy bien últimamente.

(Carta XII)

Pero mi amigo juega ese videojuego que tú dices que es malo —dijo Hugo con recelo.

¡Yo nunca dije que el videojuego era malo!, grité en mi cabeza, pero apreté los labios antes de que cualquier sonido pudiera escapar. Respiré, miré por la ventana y tomé un momento para pensar, mientras dos chicos curiosos por aprender todo acerca de Fortnite y Minecraft me miraban con ojos expectantes.

—¿Crees que caminar por el borde de un edificio de veinte pisos es malo? ¿Es un pecado? —pregunté.

Mi hijo me miró, confundido.

—Eh... ¿no? No, caminar por el borde de un edificio no es un pecado —me respondió después de pensarlo unos segundos.

—¿Lo harías? ¿Caminarías sin arnés ni red de seguridad al borde de un edificio de veinte pisos?

—¡No! —rio inmediatamente. El absurdo era obvio.

—Exacto. No es *malo*, pero tampoco es *sabio*. Hay cosas que no hacemos porque son claramente pecaminosas y entristecen a Dios, lastiman nuestro corazón y el de otros: la Biblia nos dice que no robemos, chismeemos ni envidiemos. Pero también hay otras cosas que, aunque la Biblia no hable específicamente sobre ellas, no hacemos parte de nuestras vidas porque hemos aprendido que no nos ayudan a crecer fuertes en nuestro corazón y en nuestro cuerpo... ¡Todo lo contrario! Nos hacen daño, especialmente a la edad que ustedes tienen.

Dije todo aquellos con absoluta firmeza, mientras me aseguraba de que su atención seguía conmigo. Continué.

—Para identificar esas cosas, necesitamos sabiduría. Pensar en lo que Dios nos enseña sobre cómo debemos vivir y pedirle que nos ayude a ver si las cosas que hacemos nos ayudan a obedecerle y a nutrirnos, o si no lo hacen. Sé que permití videojuegos en casa por un tiempo, pero después de leer lo que hacen en nuestros cerebros, entendí que no es bueno que esa actividad sea parte de nuestro día a día en este tiempo. Me equivoqué. Por eso ahora las cosas son diferentes.

Mis hijos me miraron con decepción, pero sin protestar. No estaban contentos, pero lo habían entendido. La batalla del día llegó a su fin. Una pequeña pero importante victoria más en la guerra por sus mentes. Agradecí a Dios en silencio mientras ellos corrían al trampolín y en unos minutos se olvidaban del asunto entre risas y volteretas.

***

Los niños suelen ver el mundo en blanco y negro. Es común que intenten dividir las películas, los juegos, las canciones, las palabras e incluso a las personas en dos categorías:

«bueno» y «malo». Les cuesta percibir el matiz. Los confunde saber que cierta frase es una grosería en México pero alguien de Costa Rica la dice al pasar, sin ofender a ninguno de sus compatriotas. Que no están listos para ver una película de la que podrán disfrutar en unos años. Que el café no estará prohibido para siempre. Que todos los seres humanos son hechos a imagen de Dios y al mismo tiempo pecadores por naturaleza. Ciertamente, a los niños se les dificulta comprender que no todo en el mundo se puede acomodar en una de dos cubetas. Si somos sinceros, a los adultos también nos cuesta abrazar la realidad de que no todo en el mundo es tan simple como parece.

Por supuesto, no toda situación es matizada. Especialmente en nuestro mundo de «inclusión» y «tolerancia», debemos estar listos para llamar bueno a lo bueno y malo a lo malo sin temor. Pero somos ingenuos si pensamos que todo asunto al que nos enfrentemos será fácil de discernir como algo que glorifica a Dios o algo que lo deshonra. Un par de proverbios, uno justo al lado de otro, ilustran esta verdad de manera magistral:

> No respondas al necio de acuerdo con su necedad,
> Para que no seas tú también como él.
> Responde al necio según su necedad se merece,
> Para que no sea sabio ante sus propios ojos.[1]

Imagina que tienes un compañero de trabajo necio hasta la médula. Es ignorante, perezoso y burlón. No puede nombrar los tres poderes del Estado pero se la pasa criticando a todo servidor público, asegurando que él podría hacer un mejor trabajo para poner el país en orden. No entrega las cosas a tiempo y se queja de que el jefe no le sube el salario. No tarda en contar entre risas a toda la oficina que su esposa quemó los frijoles (otra vez) y en el mismo aliento se lamenta de que su matrimonio no funciona como debería.

---

1. Prov. 26:4-5.

Intentas evitar a este individuo a toda costa, porque la última vez que abrió la boca estuviste a punto de cerrársela con un enorme pedazo de cinta adhesiva y no sabes si podrás contenerte otra vez. Oras en tu corazón: *¿Señor, qué hago? ¿Confronto la necedad de mi compañero o simplemente lo dejo para evitar caer en sus juegos?* Según la Escritura, a veces la respuesta será hablar y otras veces, será guardar silencio. Esto quizás provoca que resoplemos un «gracias por la ayuda, Dios», un tanto sarcástico. Pero si nos detenemos un momento, apreciaremos la genialidad de tener estos dos proverbios uno justo después del otro. Con este sutil gesto, Dios parece decirnos algo como: «Parece chiste, pero así de complejo es lidiar con un necio». Así de compleja es la vida en un mundo lleno de pecado; un mundo de cabeza lleno de personas que le dan la espalda a su Creador de mil maneras diferentes. La buena noticia es que, aunque el mundo está de cabeza, nosotros no estamos sin dirección.

Para discernir cómo hemos de vivir hoy, no hay que hacer «de tin marín de do pingüé» entre Proverbios 26:4 y Proverbios 26:5. Lo que necesitamos para saber cómo caminar es sabiduría. El pastor Timothy Keller describe la sabiduría como la capacidad de «hacer la elección correcta aun cuando no haya leyes morales claras que indiquen explícitamente qué hacer».[2] La sabiduría es el resultado de tener los ojos alegremente abiertos a la realidad de que hay un Señor del universo que en el principio creó todo y determinó cómo es que cada uno de los elementos de Su creación funcionan. La sabiduría es lo que surge al rendirse ante los designios del Hacedor, reconociendo que es un absurdo ir en contra de las leyes que Él estableció en el amanecer del tiempo. La sabiduría es el fruto de tener una mente llena de lo que la Fuente de vida ha revelado en

---

2. Timothy Keller y Kathy Keller, *Sabiduría de Dios para navegar por la vida: Un año de devocionales diarios en Proverbios* (Medellín, Colombia: Poiema Publicaciones, 2019), p. 2.

Su Palabra y Su creación; una mente transformada para mirar el mundo cada vez con menos temor e ingenuidad. La sabiduría es el arte de vivir bien en un mundo complicado. La sabiduría es lo que necesitamos para identificar y enfrentarnos a las *apps* de Escrutopo.

***

Prepárate para ser decepcionado. No voy a ofrecerte una lista completa de todas las *apps* de Escrutopo y un decálogo definitivo para evitar que te atrapen. Me encantaría que el asunto fuera así de simple (habría podido titular este libro algo como: «Cómo ser libre de las cadenas de tu teléfono en diez sencillos pasos» y probablemente haber vendido muchos más ejemplares). Escrutopo siempre ha sido muy astuto y nuestros intentos de convertir nuestra lucha contra él en una fórmula nunca termina bien (si no me crees, solo necesitas mirar a los fariseos).

Si bien es tentador contar con listas «definitivas» que nos digan exactamente cuáles son las plataformas digitales que podemos abrazar y cuáles son las que debemos evitar, las listas definitivas no tardarán mucho en dejar de ser definitivas: cada día, hay cientos de aplicaciones nuevas que compiten por nuestra atención. Algunas serán maravillosamente útiles para hacernos más efectivos en cumplir con las buenas obras que Dios preparó para nosotros[3] y otras nos harán sus esclavos casi sin que nos demos cuenta. Ninguna de ellas vendrá con una advertencia de que «el uso de esta tecnología es perjudicial para la salud» (al menos no en el futuro cercano... ¡espero que algún día sea así!). Mucho menos se nos alertará de que cierta aplicación tiene el potencial de entorpecer nuestro crecimiento espiritual. Así que, como dicen por ahí, en lugar de ofrecerte un pescado,

---

3. Ef. 2:10.

voy a enseñarte a pescar. Más bien, en lugar de darte una lista de peces venenosos, voy a enseñarte a identificar las características de los peces que quieres evitar.[4]

Hemos denominado «*apps* de Escrutopo» a las aplicaciones diseñadas con el propósito principal de capturar y manipular tu atención para el beneficio económico de sus propietarios. Las llamamos así porque «Escrutopo» (nuestro apodo para el representante del enemigo de nuestras almas) y sus secuaces utilizan estas *apps* para entorpecer nuestro crecimiento espiritual, ofreciéndonos sustitutos de los medios de gracia (la lectura de la Biblia, la oración y la comunión con la Iglesia, por ejemplo) que nuestro Dios y buen Padre nos ha concedido para que lo conozcamos más y crezcamos a la imagen de Jesús. Las *apps* de Escrutopo no son verdaderas herramientas que te permiten conseguir un objetivo específico con mayor facilidad. Su existencia se justifica con frases vagas e inspiradoras como «existimos para ayudarte a expresar tu creatividad» o «queremos conectar al mundo» o «somos una plataforma creada para que puedas compartir lo que piensas». En realidad, sin embargo, el diseño de estas plataformas tiene el propósito principal de mantenerte en la pantalla el mayor tiempo posible.

Esta breve descripción del concepto de las *apps* de Escrutopo seguramente está trayendo a tu mente algunas plataformas digitales con las que interactúas de manera cotidiana. Pueden ser juegos, redes sociales, servicios de *streaming* e incluso aplicaciones que se promueven como educativas, cuando en realidad solo embotan tu mente con juegos repetitivos y te distraen de aplicar en el mundo real el conocimiento que supuestamente adquiriste. Pero quizás no estás seguro todavía de si esas plataformas son *apps* de Escrutopo. Tal vez necesitas mirarlas más de cerca, examinando algunas de las características que nos dan pistas

---

4. Tal vez debí haber elegido otra metáfora, pero ahora es demasiado tarde.

sobre el verdadero propósito de las plataformas y sobre cómo afectan nuestros corazones. Estas son seis señales de alerta que pueden ayudarte a determinar si cierta plataforma digital es una verdadera herramienta o una *app* de Escrutopo:

ALERTA 1: ¿Es gratis?

En la vida bajo el sol nada es gratis; eso incluye a las aplicaciones móviles. Generalmente, si no estás pagando por el acceso a alguna plataforma digital con tu dinero, estás pagando con tus datos, tu tiempo y tu atención. Por supuesto, existen excepciones (como aplicaciones desarrolladas por organizaciones sin fines de lucro), pero las excepciones ciertamente no incluyen las aplicaciones desarrolladas por los titanes de la tecnología. Google y Meta no han llegado a ser de las empresas más poderosas del mundo al ofrecer acceso gratuito a sus plataformas por la bondad de sus propietarios. Así que tómate un momento para preguntar quién desarrolló la aplicación que estás utilizando y cuál es su modelo de negocios. Recuerda: en las *apps* de Escrutopo, tú eres el producto que se vende al mejor postor. Entre más tiempo estés en estas plataformas y más interactúes en ellas, sus dueños tienen más oportunidad de vender anuncios y llenarse los bolsillos mientras tú dejas ir la vida por el drenaje.

Esta es solo la primera señal de alerta. Puede darnos información útil, pero no es prueba definitiva de nada. No todas las aplicaciones gratuitas son *apps* de Escrutopo y no todas las *apps* de Escrutopo son aplicaciones gratuitas. Que una *app* cobre una suscripción mensual no significa que sus propietarios no se aseguren de almacenar tus datos y manipular la plataforma para que sea lo más atractiva posible y te mantenga pegado a la pantalla para que sigas pagando tu suscripción cada mes.

ALERTA 2: ¿Se transforma constantemente en algo que tan solo capturará tu atención aún más?

El propósito principal de las *apps* de Escrutopo es mantenerte en ellas el mayor tiempo posible, cueste lo que cueste. Cuando nos damos cuenta de esto, no nos sorprenderá descubrir que, mientras que la aplicación de cámara en tu teléfono luce prácticamente igual que hace una década, las aplicaciones en las que más invertimos tiempo, energía y atención cambian significativa y constantemente. Las *apps* de Escrutopo añaden y eliminan características de acuerdo a lo que mantiene a los usuarios interactuando en la plataforma.

Cuando los programadores descubren que una nueva funcionalidad es poderosa para aumentar la interacción de los usuarios, es casi seguro que prácticamente de la noche a la mañana veremos cómo muchas de las aplicaciones más populares adoptan esa nueva característica. Y como el objetivo de la *app* de Escrutopo es que «compartas tu creatividad» o cosas por el estilo, pueden quitar o poner casi cualquier cosa sin necesidad de justificarse. Sí, los usuarios se molestarán un momento por el cambio, pero después lo superarán (alterarnos y olvidar, alterarnos y olvidar, alterarnos y olvidar). Puede ser un botón de «me gusta», el *scroll* infinito, la historias o los videos cortos que abarcan toda la pantalla... Si mantiene a la gente mirando e interactuando, las *apps* de Escrutopo encontrarán la manera de integrarlo.

ALERTA 3: ¿Te hace perder la noción del tiempo?

Mientras que la Biblia nos llama a ser conscientes del paso del tiempo para caminar de manera sabia,[5] las *apps* de Escrutopo hacen que nuestros minutos pasen volando en absolutamente nada, prácticamente sin que nos demos cuenta. Todos hemos estado ahí: aburridos, molestos o

---

5. Sal. 90:12.

cansados; tomamos el móvil para ver de qué trata uno de esos tantos circulitos rojos con números en la pantalla. Parpadeamos y pasaron cuarenta y cinco minutos. Nos parece imposible, pero el reloj no miente.

Casi todos los teléfonos móviles de hoy tienen la opción de mostrarnos cuánto tiempo hemos pasado en la pantalla (y en qué aplicación). He visto de primera mano el horror de las personas cuando se enfrentan con estos números por primera vez. Muchos no pueden creerlo. Esto es evidencia del sutil pero profundo poder que las *apps* de Escrutopo tienen sobre nosotros. Estas plataformas capturan nuestra atención de tal manera que no importa las buenas intenciones que tengamos (si estamos seguros de que solo necesitamos quince minutos para revisar qué están haciendo nuestros amigos, si decimos que solo veremos un episodio de nuestra serie favorita o si nos convencemos de que apagaremos el móvil después de pasar un nivel de nuestro juego después de un largo día de trabajo); la mayoría del tiempo terminamos atrapados en una espiral de notificaciones, comentarios, colores y sonidos de la que no podemos (ni queremos) escapar hasta que nos duele la cabeza o la batería del móvil se agote.

ALERTA 4: ¿La utilizas «para ver qué hay»?

Si usara el martillo de mi casa (una verdadera herramienta) como he usado mi móvil lleno de *apps* de Escrutopo, la gente pensaría que estoy loca. Y con razón. Sería algo como decir que quiero construir un marco de madera, agarrar el martillo y empezar a golpear al azar por toda mi casa esperando que el marco se materialice de la nada. Eso es lo que hacemos con las *apps* de Escrutopo: decimos que queremos conectar con nuestros amigos, abrimos la *app*, deslizamos al azar por veinticinco minutos, comentamos por aquí y damos «me gusta» por allá, nos sumergimos en un mar de videos de bailecitos. Entre decenas de fotos de *influencers* y platos de comida, nos aparece una foto de algún conocido que no hemos visto en cinco años, le damos un corazoncito y comentamos sin palabras y solo con la imagen de unas manitas aplaudiendo. Un rato después, nos acordamos de que queríamos ver qué estaba haciendo nuestro amigo y vamos a su perfil, vemos sus historias, le mandamos un «jaja» y rápidamente nos perdemos en otro laberinto de entretenimiento. Cuando es hora de ir a la cama, recostados en el silencio de la noche, nos preguntamos por qué nuestras relaciones se sienten tan superficiales y vacías. No nos damos cuenta de que estamos esperando que la amistad se materialice delante de nosotros de la nada.

Las verdaderas herramientas no solo tienen un objetivo específico (en el caso del martillo, clavar clavos), sino que también se utilizan con un plan bien definido. Para construir un marco, por ejemplo, hay que determinar los materiales que utilizarás, medir y cortar la madera, acomodarla de manera apropiada y solo *entonces* utilizar el martillo para clavar las piezas en su lugar. El martillo se utiliza en un momento específico y luego se deja en su lugar. Nuestro uso de las *apps* de Escrutopo no se parece en nada al de una herramienta, aunque intentemos sentirnos un poco mejor diciendo que nuestro uso tiene un propósito particular. Decimos algo como: «las uso para estar al tanto de los anuncios de mi iglesia», como si necesitaras tres horas al día, siete días a la semana para estar al tanto de qué día es la próxima reunión de oración. Si somos sinceros, las utilizamos para ver cómo pueden llenar los espacios de nuestras vidas, especialmente cuando nos encontramos frustrados o desanimados.

ALERTA 5: ¿Te sientes incómodo después de utilizarla?

Desde que cumplí treinta años, es seguro que inmediatamente después de comer una bolsa de papas fritas me sentiré mal. Fatal. No estoy exagerando. Mientras como, me siento genial (especialmente si las papas fritas llevan chamoy y picante Tajín). Sin embargo, en cuanto el paquete vacío de papas fritas cae a la basura, empiezo a percibir en mi cuerpo las consecuencias de atiborrarme de comida chatarra: estoy hinchada, fatigada y con la mente nublada. «¿Por qué comí eso?», me lamento. He notado que algo similar me sucede después de extraviarme en las *apps* de Escrutopo.

Dentro de ellas, estoy felizmente absorta en el remolino de pixeles que siempre tiene algo para entretenerme, inspirarme u horrorizarme. Pero cuando despierto del trance digital, me siento terrible. Mi mente está dispersa, me cuesta concentrarme, me siento ansiosa y de pura incomodidad quiero volver a la pantalla... aunque sé que probablemente mi dispersión y ansiedad están relacionadas con todo el tiempo que estuve delante de la pantalla. La comida chatarra y la tecnología chatarra tienen eso en común: los excesos de dopamina que generan en nuestros cerebros hacen que queramos regresar a ellas una y otra vez, haciendo que todo lo demás pierda su brillo a pesar de que sabemos que nos están haciendo daño.

ALERTA 6: ¿Te transforma constantemente en algo que no deseas ser?

Las *apps* de Escrutopo no solo cambian para atraparte, también *te cambian* para seguir atrapándote. ¿Qué clase de persona eres cuando utilizas cierta tecnología? ¿Eres más paciente o quieres todas las respuestas inmediatamente? ¿Tienes más paz o puedes sentir cómo te inunda la ansiedad? ¿Tu corazón está inclinado al servicio a otros o a la comparación con otros? ¿Te vuelves más irritable con los que están a tu alrededor o te ayuda a amarlos mejor?

Es cierto que ninguna tecnología puede obligarnos a pecar. La manera en que nos desenvolvemos en diferentes contextos, incluido el contexto de las *apps* de Escrutopo, simplemente revela lo que ya hay dentro de nuestro corazón. Pero también es cierto que ciertos contextos inclinan nuestras pasiones de manera negativa: sí, nadie te obliga a pecar si de repente te encuentras en una playa nudista (¡puedes cerrar los ojos!); pero también deberías considerar que una playa nudista no es el lugar más prudente para visitar si deseas guardar tu santidad.

En las *apps* de Escrutopo, la interacción es el rey. Lo que genere más movimientos (más vistas, más «me gusta», más comentarios, más elementos compartidos) es lo que se amplificará en las plataformas. En principio, suena bien. Lo que nos interesa permanecerá relevante y lo que no, desaparecerá. El problema es que los seres humanos somos profundamente pecadores. Cuando nos juntamos en una plataforma a interactuar con toda clase de contenido a través de los poderosos algoritmos de las *apps* de Escrutopo (que nos dan lo que deseamos más profundamente), lo que vence suele reflejar lo oscuro de nuestros corazones: nuestros «pleitos, celos, enojos, rivalidades, difamaciones, chismes, arrogancia, desórdenes» que probablemente harían llorar al apóstol Pablo.[6]

Esto se vuelve un círculo vicioso. Al ver tanta negatividad en las plataformas somos sutilmente inclinados a comportarnos también de manera negativa. Nos vemos tentados a unirnos a los chismes, a la comparación, a los debates desordenados, a la especulación. Esto provoca más y más negatividad en las plataformas, a la cual otros usuarios también responden.

∗∗∗

Toda tecnología que abracemos moldeará la manera en que pensamos y vivimos. Seremos transformados por

---

6. 2 Cor. 12:20-21.

aquello en lo que invertimos nuestro tiempo y atención. Eso es inevitable. Nuestros cerebros son plásticos: se adaptan a nuestro entorno. Esto puede ser para crecimiento o para destrucción. Por eso debemos ser cuidadosos con aquello que traemos a nuestras vidas y nos metemos en el bolsillo. La sabiduría nos llevará a reconocer estas realidades y a buscar actuar de manera que honre al Señor sin ignorarlas.

Las seis señales de alerta nos ayudarán a despertar a la realidad de que muchas de las «herramientas» que tenemos en nuestro teléfono son en realidad trampas de Escrutopo que nos manipulan y nos alejan de aquello que verdaderamente nos llevará a cultivar nuestra relación con Dios y nuestro prójimo. Entre más veces hayas respondido «sí» respecto a cierta aplicación, más razones tienes para señalarla como algo que no es meramente «neutral», sino perjudicial en tu vida. Ciertamente hay tecnologías que pueden ayudarnos a florecer en amor a Dios y a quienes nos rodean, tecnologías que nos ayudan a profundizar más en la Escritura, a estimular nuestra vida de oración, a crecer en comunión con nuestros hermanos; pero las *apps* de Escrutopo definitivamente no se encuentran entre ellas.

Quizás todo esto te parece demasiado. Tal vez jamás te han pasado por la cabeza las consecuencias de que las aplicaciones en tu móvil sean gratuitas, que requieran constantes actualizaciones significativas, que parezcan hacer que el tiempo se esfume sin aviso, que llenen cada momento de tu día sin cumplir un propósito específico, que te hagan sentir ansioso o frustrado pero te atraigan hacia ellas una y otra vez para hacerte actuar como alguien que no deseas ser. Pero, aunque no lo pienses, está sucediendo. Puedes dejarte llevar por la corriente o decidir salir del remolino y actuar de manera diferente. Puedes decidir caminar en sabiduría.

IX
La decisión

Mientras no lo ponga en práctica, no importa cuánto piense en este nuevo arrepentimiento. Deja que el animalillo se revuelque en su arrepentimiento. Déjale, si tiene alguna inclinación en ese sentido, que escriba un libro sobre él; suele ser una manera excelente de esterilizar las semillas que el Enemigo planta en el alma humana. Déjale hacer lo que sea, menos actuar.

(Carta XIII)

« ¿Cuántos de ustedes vieron el documental *El dilema de las redes sociales*?», unas cincuenta manos (que representaban alrededor de la mitad de los presentes), se levantaron. «¿Cuántos se sintieron asqueados cuando vieron lo que pasaba detrás de las aplicaciones que más utilizamos cada día?». Las cincuenta manos permanecieron en el aire. «¿Cuántos hicieron algún cambio en la manera en que utilizan el teléfono?». Las manos empezaron a bajar; menos de treinta quedaron alzadas. Hice la última pregunta: «¿Cuántos de ustedes permanecen firmes en esos cambios hasta hoy?». Las personas se miraron entre ellas con sonrisas avergonzadas mientras dejaban caer su brazo. Miré a la habitación de más de cien personas. Solo había tres manos levantadas.

Escrutopo quiere que leas este libro y te sientas mal. Quiere que te dé náuseas al pensar en cómo tus días se han evaporado dentro de sus *apps*. Quiere que te lamentes por todo el tiempo que has pasado investigando lo que otros dicen acerca de la Biblia en lugar de ir a leer la

Biblia tú mismo. Quiere que te avergüences por todas las veces en que has sido más rápido para buscar a un *influencer* que para buscar a Dios. Quiere que sufras porque las «relaciones» que has cultivado existen solo entre pixeles. Escrutopo quiere que te retuerzas de culpa y que luego no hagas nada más al respecto.

No vamos a dejar que eso suceda. Vamos a actuar.

***

A veces es bueno estar triste. Pablo se alegró de lo que sucedió cuando su carta entristeció a los cristianos de Corinto: «Porque la tristeza que es conforme a la voluntad de Dios produce un arrepentimiento que conduce a la salvación, sin dejar pesar; pero la tristeza del mundo produce muerte».[1] Los corintios se pusieron tristes por un momento, pero esa tristeza piadosa los llevó a arrepentirse... a cambiar la manera en que caminaban. No fue una tristeza que los dejó tirados en el suelo; fue una tristeza que los hizo volver a Dios. Cuando lo miraron, encontraron gracia y salvación. Sus vidas fueron transformadas.

Esa es la tristeza que debemos tener cuando nos enfrentamos a la realidad de los efectos que las *apps* de Escrutopo han tenido en nuestras vidas. Sí, fuimos ingenuos, dejándonos llevar sin pensarlo demasiado por las promesas utópicas de los emprendedores de tecnología. Sí, llevamos mucho tiempo haciendo de estas plataformas una parte central de nuestra vida todos los días, fingiendo que no afectan la manera en que nos relacionamos con Dios y otras personas. Sí, ignoramos esa incomodidad interior respecto a la manera en que interactuamos con nuestros teléfonos porque «todo el mundo lo hace» y «así es la vida en el mundo moderno». Podemos reconocer todo esto y

---

1. 2 Cor. 7:10.

avergonzarnos. Podemos entristecernos. Pero que sea una tristeza que nos haga correr a los brazos de Aquel que desea que vivamos en libertad. Aquel que desea que caminemos con sabiduría en lugar de al ritmo de la *app* más popular. Aquel que desea darse a conocer a nuestros corazones y llevarnos a amar a otros como hemos sido amados.

Si has leído hasta aquí, probablemente deseas saber qué hacer ahora. Suponiendo que estás de acuerdo conmigo en que las *apps* de Escrutopo son un estorbo preocupante para nuestro crecimiento espiritual, para disfrutar de la comunión con Dios que Cristo Jesús nos ofrece, me parece que cuentas con tres opciones. Llamémoslas (1) «ya pues, tendré cuidado», (2) «siempre en guardia» y (3) «pero qué necesidad».

Ya pues, tendré cuidado

Desafortunadamente, demasiados lectores terminarán eligiendo el *primer abordaje*. Son aquellos que están horrorizados por todos los efectos adversos de las *apps* de Escrutopo y se dicen a sí mismos: «Esto está muy mal, ¡debo usar menos el teléfono!»... y ya. Tal vez establecen límites de tiempo en pantalla en las aplicaciones de su teléfono y los respetan por unos días. Pero el cambio no dura.[2] Cuando se dan cuenta de que una vez más se están dejando llevar por la distracción del mundo digital, se vuelven a lamentar y dicen: «Ya, ya basta». Resisten un momento y el ciclo vuelve a empezar. Déjame decirlo llanamente: sentirte mal por tu uso excesivo del teléfono, afirmar: «Tendré más cuidado» y ya, no funciona. Si se pudiera tener una «relación sana» con las *apps* de Escrutopo a base de puras buenas intenciones, este libro no existiría. Las

---

2. De hecho, existe evidencia de que los límites de tiempo podrían ocasionar que pasemos más tiempo en la pantalla: https://technosapiens.substack.com/p/are-screen-time-limits-backfiring

apps de Escrutopo no quieren una relación sana contigo: estas plataformas quieren que entregues cada minuto de tu día y cada espacio de tu mente. Ya lo hemos dicho: están diseñadas para explotar las vulnerabilidades de tu psicología y manipularte para regresar una y otra vez. La batalla contra ellas no se ganará por accidente. Necesitamos una estrategia.

Siempre en guardia

Eso nos lleva a la *segunda opción*: estar «siempre en guardia». Ese ha sido mi plan de acción durante años. Sucedió casi por accidente. Empecé a limitar mi uso de las *apps* de Escrutopo, pero no porque había entendido que eran *apps* de Escrutopo y quería cuidar mi vida espiritual. Simplemente tenía muchas cosas que hacer y me di cuenta de que estaba pasando demasiado tiempo en la pantalla. Mi estrategia era bastante rudimentaria al principio: establecí tres días en los que usaría las aplicaciones problemáticas y el resto de la semana simplemente las eliminaba de mi teléfono. Poco a poco, mi abordaje tomó un poco más de forma hasta llegar a tener tres partes:

1. Establece un propósito. Determina qué quieres lograr a través de las *apps* de Escrutopo y cuáles *apps* son realmente necesarias para alcanzar ese objetivo.

En mi caso, mi propósito era conectar con mis lectores y compartir mi trabajo. Para lograr eso, no necesitaba estar en todas las plataformas; Instagram y Twitter me bastaban.

Ejemplos de propósito:

    A. Estar al tanto de las vidas de mis familiares que viven lejos. Para ello, usaré Facebook.

    B. No perderme las noticias más relevantes de mi comunidad. Para ello, usaré X.

C. Entretenerme después de un largo día de trabajo. Para ello, usaré YouTube y Netflix.

2. Establece un plan. Determina cuánto tiempo a la semana necesitas para cumplir tu objetivo y en qué dispositivos usarás las *apps*.

En mi caso, primero consideré que tres días a la semana serían suficientes para interactuar con mi audiencia. Después, lo reduje a dos. No establecí una cantidad de tiempo específica para cada día (debí haberlo hecho), pero después de darme cuenta de que a veces descargaba las *apps* demasiado pronto en el día que me tocaba ingresar en ellas, me prohibí descargar las aplicaciones antes del mediodía y después de haber realizado las actividades más importantes en mi lista de tareas. Usaba Instagram en el teléfono (porque solo así podía subir fotografías y hacer videos en vivo), pero Twitter desde la computadora. Usar las aplicaciones en el móvil, el cual llevamos a todos lados, siempre es peor.

Ejemplos de plan:

A. Los sábados por la mañana, mientras tomo un café, me tomaré una hora para revisar los perfiles de mis familiares.

B. Revisaré las noticias del día al mediodía desde mi computadora, por un máximo de media hora.

C. Veré una hora de entretenimiento en la televisión, lunes, miércoles y viernes, de 8 a 9 p.m.

3. Establece tus barreras. Determina cómo te asegurarás de mantenerte dentro de tu plan.

En mi caso, simplemente borrar las *apps* de mi teléfono y tener claro cuándo es tiempo de descargarlas fue suficiente.

Ejemplos de barrera:

A. Solo descargaré Facebook los sábados y después de usarlo lo eliminaré. Le pediré a mi mejor amigo que coloque una contraseña que solo él conozca para autorizar la descarga de *apps*.

B. Revisaré las noticias solo en mi computadora, y usaré una aplicación que bloquea sitios *web* después de media hora de uso.

C. Usaré YouTube y Netflix solo en el televisor de la sala de mi casa, acompañado de mi cónyuge, y desconectaremos el aparato cuando no sea tiempo de usarlo.

Como seguramente te has dado cuenta, determinar tu propósito, plan y barreras requerirá de fuerza de voluntad, tiempo y esfuerzo. No hay una fórmula mágica que funcione para todo el mundo todo el tiempo.[3] Todos usamos la tecnología de manera diferente. Las barreras que me funcionen a mí quizás no te sirven para nada. Tu propio propósito, plan y barreras cambiarán con el paso del tiempo. Como el popular «tendré más cuidado y ya» no funciona, tendrás que tomar medidas que para algunas personas parecerán ridículas: tendrás que desinstalar las *apps* de Escrutopo de manera periódica. Tendrás que descargar aplicaciones para bloquear ciertos sitios *web*. Tendrás que evaluar qué funciona y qué no regularmente, haciendo ajustes según corresponda. Tendrás que estar siempre en guardia.

Esa es la razón por la cual ya no recomiendo esta estrategia para la gran mayoría de las personas.

***

---

3. Para una exploración más profunda sobre cómo determinar qué herramientas digitales hacer parte de tu día a día, te recomiendo el libro *Minimalismo digital*, de Cal Newport.

Dave Ramsey y Graham Stephan tienen muchas cosas en común. Ambos son expertos en finanzas, millonarios y grandes personalidades en Internet. Dave y Graham ayudan a cientos de miles de personas a hacer buen uso de su dinero en el día a día y a desarrollar estabilidad económica duradera. Sin embargo, con todas las cosas que comparten, también hay una gran diferencia entre ellos: Dave aborrece las tarjetas de crédito, mientras que Graham enseña a su audiencia a sacarles el máximo provecho.

Mi conocimiento del mundo de la economía es elemental. La filosofía financiera de nuestro hogar básicamente se resume en: «gasta menos de lo que ganas, ahorra una buena cantidad de dinero cada mes y sé tan generoso como puedas».[4] Hasta ahora, eso le ha funcionado a mi familia bastante bien. Por gracia de Dios, no tenemos deudas y hemos podido servir a nuestro prójimo en numerosas ocasiones. Aunque no somos ases de las finanzas como Graham Stephan, en algún momento obtuvimos beneficios de una tarjeta de crédito utilizada con prudencia: usé los puntos para comprarme un vestido azul que aún conservo. Hace un tiempo, sin embargo, decidimos limitarnos a utilizar nuestras tarjetas de débito. Habíamos visto demasiado cerca los estragos que ocasiona caer en la tentación de gastar lo que no tienes. No queríamos arriesgarnos a terminar en esa situación. Sin darnos cuenta, nos unimos al controvertido equipo de Dave Ramsey.

Conforme fui conociendo un poco más del trabajo de Stephan y Ramsey, me di cuenta de algo interesante: sus audiencias son completamente diferentes. Graham habla a los que, como él, son amantes de las finanzas y buscan

---

4. Mi editor me informa que John Wesley predicó algo muy similar en «The Use of Money». No tenía idea, pero me alegra saber que mi estrategia ha pasado la prueba del tiempo.

sacar el máximo provecho a cualquier avenida a través de la cual puedan obtener beneficios (incluidas las tarjetas de crédito), de preferencia lo más rápido posible. Por otro lado, Dave le habla a la persona promedio, que es muy vulnerable a caer en las trampas financieras para gastar lo que no tiene. Le habla a aquella persona que no es experta en economía pero desea ponerle un alto a sus malos hábitos al usar el dinero y finalmente quedar libre de deudas, para luego, poco a poco, aumentar su estabilidad económica a largo plazo, sin estar pegada a una hoja de cálculo todo el día.

Pero qué necesidad

¿Qué tiene que ver esto con las *apps* de Escrutopo? Bueno, Graham Stephan representa a aquellos que deciden estar siempre en guardia. Son los que tienen una personalidad escrupulosa (que son altamente eficientes y organizados) y el ánimo para estar atentos todos los días a usar las *apps* de Escrutopo bajo el propósito que definieron, dentro del plan que establecieron y cuidando que sus barreras no se derrumben. Es un trabajo arduo, cada día, todos los días. Algunos pueden mantenerlo a largo plazo, pero en mi experiencia, esos «algunos» son la minoría.

Dave Ramsey, por otro lado, representa a los que simplemente quieren ser libres. A los que no quieren participar de un sistema creado para aprovecharse de ellos, incluso si en teoría es posible sacarle algunos beneficios. Representa a los que eligen la *tercera opción*: ¿qué necesidad hay de entrar cada día o cada semana a una corriente diseñada para arrastrarme hacia la distracción, el consumo compulsivo y la manipulación? ¿Qué necesidad de buscar información, ánimo y conexión en las *apps* de Escrutopo cuando hay tantísimos otros lugares en donde puedo conseguirlos? ¿Qué necesidad de invertir mi energía en resistir la tentación de acabar atrapado en una espiral digital que me aleja de las cosas maravillosas que puedo disfrutar en la Biblia, la oración y mi comunidad?

Luchar contra las *apps* de Escrutopo es un trabajo permanente. No vale la pena. La mejor opción para la gran mayoría de las personas es simplemente salir de la prisión y no volver atrás.

***

La idea de abandonar las apps de Escrutopo podría sonar como una locura. No negaré lo difícil que fue cuando empecé a moderar mi uso de manera radical. Estaba muy acostumbrada a estar al tanto de lo que sucedía en el mundo digital. Me encantaba compartir a los cuatro vientos sobre los libros que estaba leyendo, el nuevo proyecto que estaba escribiendo o los lugares a los que salía a pasear. Era bonito recibir comentarios o «me gusta» que me recordaran que no estaba sola. Cuando todo eso se fue, mi mundo se sentía muy silencioso (excepto por los gritos del bebé que estaba aprendiendo a cuidar). Mis primeros días sin Instagram pasaron con mi cabeza llena de preguntas sobre lo que estaría pasando en Instagram. Cuando era hora de descargar la aplicación otra vez, me llenaba de emoción por entrar y descubrir lo que estaba pasando en el mundo virtual. Pero cada vez que me conectaba, sin excepción, terminaba decepcionada: *¿Es esto lo que estaba tan impaciente por ver?* Poco a poco, me fui dando cuenta de que entre más tiempo pasas lejos de las *apps* de Escrutopo, más te das cuenta de lo poco que te pierdes por estar lejos de las *apps* de Escrutopo.

No me malentiendas. Te perderás de cosas. Muchas cosas. Habrá noticias de las que no te enteres, memes que jamás te lleguen, chistes que no entiendas. Pero las cosas de las que te pierdes cuando estás lejos de las *apps* de Escrutopo no se comparan con todo lo que puedes ganar cuando inviertes tu tiempo, tu energía y tu atención —¡tu vida!— en lo que fuiste diseñado para hacer. Cuando, en lugar de ver imágenes con frases inspiradoras de gente que lee la Biblia, lees la Biblia por ti mismo. Cuando, en lugar de correr a buscar un consejo de tu *influencer* favorito, inclinas tu corazón al Señor y dejas tus cargas delante de Él. Cuando, en lugar de intentar ponerte al corriente con las historias de decenas de personas que apenas conoces, pasas dos horas tomando café con tu amigo de carne y hueso.

Abandonar las *apps* de Escrutopo, por supuesto, no arreglará todos tus problemas. No hará que tu cerebro sea a prueba de distracciones de la noche a la mañana. Volver a estar bien con los niveles naturales de dopamina después de años de darle a nuestro cerebro constante estimulación tomará su tiempo. Será un proceso. Abandonar las *apps* de Escrutopo te dará el espacio que necesitas para empezar ese proceso y aprender a volver a disfrutar más la vida real, usando la tecnología como una verdadera herramienta para el crecimiento de tu espíritu y tu mente. Abandonar las *apps* de Escrutopo te dará el espacio que necesitas para enfocar tu mente en el Señor —mirarlo a Él a través de Su Palabra, la oración, la comunidad de la fe— y correr con gozo la carrera de la fe. Este camino no es fácil... ¿qué necesidad de hacerlo más complicado?

Probablemente necesitas empezar despacio... tal vez incluso dependes económicamente de una de estas plataformas. Está bien ir lento; pero debemos avanzar. No podemos quedarnos en una tristeza que no nos lleva al verdadero arrepentimiento, a caminar de manera diferente. Determina qué te ofrecen estas aplicaciones problemáticas y pregúntate si valen la pena. Luego piensa en alternativas no «escrutópicas» para encontrar esa información o interacción sin sacrificar tu libertad.

***

«¡Las nuevas tecnologías siempre han tenido críticos!». Esa es la respuesta que uno suele recibir cuando expresa preocupación respecto a alguna nueva aplicación o dispositivo. «Criticaron la radio, la televisión y ahora critican las redes sociales. ¡Sócrates estaba en contra de la escritura! ¡La imprenta tuvo sus detractores!». Si bien estos comentarios tienen el propósito de mostrar lo ridículo que suena quejarse de la tecnología, vale la pena hacer una pausa y evaluar si las críticas hacia, por ejemplo, la escritura, estaban completamente infundadas. Platón registra (lo sé, la ironía es fantástica) la preocupación de Sócrates con estas palabras: «Padre de la escritura y entusiasmado con tu invención, le atribuyes todo lo contrario de sus efectos verdaderos. Ella no producirá sino el olvido en las almas de los que la conozcan, haciéndoles despreciar la memoria; fiados en este auxilio extraño abandonarán a caracteres materiales el cuidado de conservar los recuerdos, cuyo rastro habrá perdido su espíritu. Tú no has encontrado un medio de cultivar la memoria, sino de despertar reminiscencias; y das a tus discípulos la sombra de la ciencia y no la ciencia misma. Porque cuando vean que pueden aprender muchas cosas sin maestros, se tendrán ya por sabios, y no serán más que ignorantes, en su mayor parte, y falsos sabios insoportables en el comercio de la vida».[5]

Sócrates tenía razón. Depender de la información escrita ha ocasionado que la mayoría de nosotros no nos dediquemos a ejercitar la memoria. Pensamos que sabemos porque tenemos acceso a un montón de información, pero pocos nos hemos ocupado de comprender esa información

---

5. Platón, Fedro, Edición Electrónica de www.philosophia.cl (Escuela de Filosofía Universidad ARCIS), último acceso: 28 de febrero de 2024, https://www.philosophia.cl/biblioteca/platon/Fedro.pdf, pp. 49-50.

e integrarla a los conocimientos que ya tenemos en nuestra mente, construyendo una manera de pensar coherente. Ahora bien, que Sócrates haya tenido razón respecto a las potenciales consecuencias de la escritura no significa que no haya sido una tecnología que valiera la pena desarrollar. Después de todo, la escritura es la razón por la que hoy sabemos que Sócrates pensaba que la escritura no era una buena idea. La escritura fue parte de lo que nos ha permitido desarrollar la ciencia y estudiar con detalle la historia. Los cristianos atesoramos la escritura de manera especial, ya que es una invención que nos ha permitido tener la revelación de Dios en nuestras manos después de muchos siglos. Hoy podemos mirar atrás y argumentar que la escritura muy probablemente ha tenido más beneficios que consecuencias negativas.

Con todo, es ingenuo pretender que *todas* las innovaciones humanas tomarán el mismo curso que la escritura. Es claro que existen inventos cuyo advenimiento ha resultado en más problemas que beneficios. Sí, creamos libros, pero también creamos cigarrillos, bombas nucleares y técnicas para clonar seres humanos. Hay cosas que podemos observar y decir: «Eso no es una buena idea. Debemos ponerle un alto». Con algunas cosas nos toma más tiempo darnos cuenta (especialmente, cuando hay intereses económicos involucrados), pero por el bien de todos, debemos ser sinceros cuando nos estamos dando cuenta de que algo que empezó con buenas intenciones nos está llevando a la destrucción.

Las *apps* de Escrutopo nos han hecho creer que son el todo de Internet y por eso nos negamos a decir que nos están destruyendo y debemos ponerles un alto, a pesar de todo el daño a la salud mental y el excesivo tiempo que casi inevitablemente invertimos en ellas. Las *apps* de Escrutopo nos están llevando a la destrucción, especialmente al ignorar cómo nuestra vida espiritual se marchita. Podemos decir: «Esto no es una buena idea. Debemos ponerle un alto».

$$***$$

Un joven «perfecto» se acercó a Jesús para preguntarle qué necesitaba hacer para heredar la vida eterna. Ya había marcado como completados todos los mandamientos en su lista, así que probablemente esperaba que la respuesta fuera: «¡Ya hiciste todo lo que hace falta!». Ciertamente, no esperaba lo que Jesús le dijo: «Ve y vende cuanto tienes y da a los pobres, y tendrás tesoro en el cielo; entonces vienes y me sigues».[6] En lugar de «venir», el joven rico se fue... triste. No aceptó la propuesta de Jesús, quien lo había mirado con ojos de amor.

Quizás la interacción de Jesús con el joven rico te parece un poco extraña. ¿Se habrá olvidado el Señor de lo que le enseñó a Nicodemo? «Porque de tal manera amó Dios al mundo, que dio a Su Hijo unigénito, para que todo aquel que cree en Él, no se pierda, sino que tenga vida eterna».[7] No, por supuesto que no se le olvidó. El encuentro de Jesús con el joven rico no está tratando de enseñarnos que Dios dio a Su Hijo unigénito para que todo aquel que venda todo y lo dé a los pobres, no se pierda, sino que tenga vida eterna. Más bien, este encuentro nos está mostrando cómo luce creer en Jesús. Creer en Jesús es más que decir: «sí, Jesús fue una persona real». Es más que decir: «Jesús es Dios». Los demonios hacen eso.[8] Creer en Jesús verdaderamente es dejar lo que más amas y seguirlo porque has descubierto que Él es más maravilloso que cualquier tesoro terrenal que puedas poseer. Creer en Jesús es amarlo más que a cualquier otra cosa: nuestra

---

6. Mar. 10:21.
7. Juan 3:16.
8. Sant. 2:19.

familia, nuestras posesiones, nuestros logros... creer en Jesús es amarlo más de lo que amamos las aplicaciones de nuestro móvil.

Como al joven rico, Jesús nos mira con ojos de amor y nos llama a seguirlo. Pero en Sus términos. ¿Qué pasaría si el Señor te dijera que debes dejar las *apps* de Escrutopo para siempre? ¿Cuál sería tu reacción? ¿Te volverías triste como el joven rico o arrojarías tu teléfono a los pies de Jesús, listo para seguirlo? Nuestra respuesta sincera a estas preguntas revelará la condición de nuestro corazón. ¿Es tu principal preocupación «usar la tecnología sanamente sin caer en excesos»? Eso, por supuesto, no tiene nada de malo, pero no es lo mismo que arder en deseo por disfrutar plenamente de la comunión con Dios que nos es ofrecida en Cristo Jesús. Para eso, necesitamos estar dispuestos a dejarlo absolutamente todo y seguir los pasos del Maestro. Puede que el Señor nos pida vender todo lo que tenemos (como al joven rico) o que sigamos administrándolo para financiamiento de la misión (como a las mujeres que acompañaban a Jesús); puede que el Señor nos pida que dejemos nuestros trabajos (como a Pedro) o que nos quedemos donde estamos para compartir con otros lo que Dios ha hecho con nosotros (como al exendemoniado gadareno). Ser discípulo de Jesús significa atesorar y obedecer por encima de cualquier otra cosa. Cuando nos rendimos a Él, encontramos verdadera libertad.

Si bien no todos somos llamados a vender todo lo que tenemos y darlo a los pobres, hay algo que Jesús sí llama a todos Sus discípulos a abandonar: lo que nos es ocasión de caer.

«Si tu ojo derecho te hace pecar, arráncalo y tíralo; porque te es mejor que se pierda uno de tus miembros, y no que todo tu cuerpo sea arrojado al infierno. Y si tu mano derecha te hace pecar, córtala y tírala; porque te es mejor que se pierda uno de tus miembros, y no que todo tu cuerpo vaya al infierno».[9]

Nuestro corazón humano está tan enamorado del pecado, de hacer lo que queremos cuando queremos, que su principal preocupación suele ser: ¿qué tan lejos puedo llegar?

«No es chisme; le estoy contando para que ore».

«No es adulterio; estoy apreciando su belleza».

«No es pereza; me estoy tomando un descanso».

Jesús, sin embargo, tiene una manera muy distinta de tratar con el pecado. ¿Qué tan lejos puedes llegar... para guardarte de caer? Arráncate el ojo, corta tu mano; no juegues con Escrutopo.[10] Huye. Una vida libre del peso de ese pecado que te arrastra una y otra vez es mucho mejor que una vida con dos ojos y dos manos. ¿Lo crees? No me sorprendería si te cuesta un poco abrazar la idea. Es bastante radical. Cuando la pruebas, sin embargo, te das cuenta de que es verdad.

No seremos capaces de salir completamente de las garras de las *apps* de Escrutopo hasta que amemos a Jesús más de lo que amamos lo que nos ofrecen estas *apps*. Todo empieza con mirar de vuelta a Aquel que nos está mirando con ojos de amor hoy y dejar atrás cualquier cosa que nos impida seguirlo.

---

9. Mat. 5:29-30.
10. Jesús está hablando de manera hiperbólica. Su llamado a arrancar el ojo y la mano es una manera poética de describir lo radicales que debemos ser con el pecado. De no ser así, tendría que haber muchos más cristianos tuertos y mancos a lo largo de la historia.

Palabras finales

Nunca olvides que cuando estamos tratando cualquier placer en su forma sana, normal y satisfactoria, estamos, en cierto sentido, en el terreno del Enemigo. [...] Todo lo que podemos hacer es incitar a los humanos a gozar los placeres que nuestro Enemigo ha inventado, en momentos, o en formas, o en grados que Él ha prohibido.

(Carta IX)

«Toda buena dádiva y todo don perfecto viene de lo alto, desciende del Padre de las luces, con el cual no hay cambio ni sombra de variación».[1] Tu corazón anhela entendimiento porque fue creado por y para la Fuente de toda sabiduría. Tu corazón anhela ser escuchado porque fue creado por y para el Padre que te ama. Tu corazón anhela conectar con otros corazones porque fue creado por y para el Dios trino, que es perfecto amor por siempre.

Dejar las *apps* de Escrutopo no tiene que ver principalmente con dejar de perder el tiempo en nimiedades, si bien eso es importante. El objetivo principal tampoco es guardarse de la toxicidad del mundo virtual, si bien eso será de mucho beneficio para nuestras almas. El principal propósito para salir del estupor digital de las *apps* de Escrutopo es liberarnos de un gran peso que nos impide colocar la mirada en el lugar correcto. Queremos ver más claramente a Dios y deleitarnos en Él a través de la Biblia,

---

1. Sant. 1:17.

la oración, la comunidad y el mundo que Él ha creado para expresar Su gloria. Queremos ver cada día las abundantes bendiciones que ya tenemos, por las cuales podemos agradecer al Señor, «el cual nos da abundantemente todas las cosas para que las disfrutemos».[2] Queremos mirar a los ojos a las personas que realmente están a nuestro alrededor, sin conformarnos con «amarlas» a través de una pantalla. Queremos ver, aunque duela, nuestros propios corazones en lugar de huir a la distracción cuando somos confrontados por nuestro pecado. Queremos ver la esperanza que hay en el evangelio e invitar a otros a verla junto a nosotros. Queremos ver y responder. Queremos ver y ser transformados.

No es imposible ver todo esto mientras estamos en las *apps* de Escrutopo, pero sí es más difícil. Mucho más difícil.

***

Mi invitación hoy es sencilla. Identifica las *apps* de Escrutopo en tu vida y arranca todas las que puedas, en cuanto puedas. Para aquellas que, por alguna razón (genuina) u otra no puedas arrancar ahora mismo, determina propósito, plan y barreras claros. Haz lo que sea necesario para mantenerte siempre en guardia, sin importar si el mundo entero te dice loco. Ya hemos visto todo lo que está en juego. Busca alternativas que sustituyan las *apps* de Escrutopo que has utilizado: recuerda que estas plataformas no son el todo de Internet y la tecnología.

¿Necesitas noticias? Suscríbete a un par de periódicos respetados, físicos o digitales. ¿Quieres entretenimiento? Compra o renta películas con intención. ¿Deseas aprender acerca de un tema complejo? Busca buenos libros, blogs y pódcasts con conversaciones profundas. Llena tu

---

2. 1 Tim. 6:17.

vida real de las cosas que sabes que te hacen florecer, en tu cuerpo y en tu espíritu: rodéate de buena literatura y música; invita a gente a tu casa y preparen una cena o tengan un estudio bíblico; inscríbete al gimnasio o fija una cita permanente para ir a caminar con un amigo todos los sábados por la mañana. Convierte tu teléfono móvil en una caja de verdaderas herramientas que te sirvan para caminar con excelencia y gozo en las buenas obras que Dios ha preparado para ti. No permitas que las «herramientas» de Escrutopo se infiltren y estorben lo que el Señor hace en ti y a través de ti.

Este no es un programa de equis pasos. Mi deseo es que tengas una vida que busque llenarse de lo bueno y desechar todo lo que te es de tropiezo. Una vida de sabiduría. No caminaremos perfectamente; muchas veces tendremos que evaluar y cambiar el curso. Eso está bien. Los cristianos caminamos con gozo y esperanza, sabiendo que el Dios que nos ama enderezará nuestras veredas y nos sostendrá hasta el final. Pongamos la mirada en Él y corramos a la meta.

Gracias

Gracias a mi familia, que me ha amado sin reservas: Uriel, Hugo, Judá; Cecy, Carlos, Fer, Karla. Gracias a los miembros de Iglesia el Redil, que nunca se cansaron de levantar la misma petición al Señor: «¡Que Ana pueda terminar ese libro de una buena vez!». Gracias a Justin, Kathy, Ana, Ale, Zachi, Salva, Emy, Luisa, Andy y todos los que leyeron o escucharon fragmentos de esta obra y me animaron a perseverar. Gracias a Lluvia Agustín por creer en mi trabajo e impulsarme. Gracias a Pepe Mendoza por ser un gran editor y amigo. Gracias a todos los miembros de mi comunidad de Patreon, quienes siempre son de los primeros en escuchar mis ideas, decirme lo locas que son y ayudarme a compartirlas con todo el que escuche. Gracias a mi Dios por amarme, permitirme servirlo y sostenerme a cada paso del camino.